FILHOS PRÓDIGOS 1

De volta à casa do Pai

DE VOLTA A CASA DO PAI

1ª Edição | Setembro 2014 | do 1º ao 5º milheiro

Dados Internacionais de Catalogação Pública [CIP]
Câmara Brasileira do Livro | São Paulo | SP | Brasil

Diversos Espíritos
Filhos pródigos: De volta a casa do pai.
316 p. 16 x 23 cm

ISBN 978-85-68081-00-6

1. Espiritismo 2. Psicografia

CDU 133.9

Projeto Gráfico e Capa
Tuane Silva

Editoração eletrônica/ Diagramação
Tuane Silva

Revisão Ortográfica
Débora Couto e Thaísa Moreira

Impresso no Brasil Printed in Brazil Presita en Brazilo

A Editora Casa de Helil é uma entidade sem fins lucrativos, cuja diretoria não possui remuneração.

Editora Casa de Helil
(Instituição Filantrópica)
R. Joel José de Carvalho, 449
Bairro Novo das Indústrias
Belo Horizonte | MG | Brasil
CEP - 31.610-610
Tel.:(31) 3383-1708
editoracasadehelil@helil.org

Pedidos de livros à Editora Casa de Helil - Departamento Editorial:
Tel.:(31) 3383-1708 ou editoracasadehelil@helil.org

POR DIVERSOS ESPÍRTOS

FILHOS PRÓDIGOS 1

De volta à casa do Pai

EDITORA Casa de Helil

Sumário

PRIMEIRA PARTE

SEGUNDA PARTE

Apresentação

Caro leitor,

Iniciamos, com esta obra, a publicação da série **Filhos pródigos**, com o intuito de compartilhar com a comunidade cristã, especialmente a espírita, a movimentação significativa que temos presenciado em nossas reuniões de intercâmbio com o mundo espiritual por meio da mediunidade.

Nessas reuniões, os prepostos de Jesus envidam esforços junto a espíritos desencarnados em dificuldades de vulto, visando aplainar os caminhos que permitirão o estabelecimento de uma nova era para a humanidade. Por esses caminhos, o planeta Terra ascenderá na categoria dos mundos, saindo da fase evolutiva de provas e expiações para chegar à Era da Regeneração[1], tão esperada e, no entanto, ainda tão pouco entendida pelos próprios espíritas.

As informações sobre esse momento, o qual, após a atual fase de transição, consolidará o planeta em um novo e mais avançado estágio evolutivo, são muito importantes para nos ajudar a entender o que é esperado de todos nós a fim de conseguirmos auxiliar e favorecer o estabelecimento desse novo tempo para a humanidade.

1 *O livro dos espíritos*, capítulo III, itens 8 a 19, pergunta 1 019.

Esta obra é dividida em duas partes, as quais abordarão as três frentes de trabalho a que nosso grupo foi convocado a atuar.

Na primeira parte, apresentamos a primeira frente de trabalho a que fomos convocados: as tarefas de resgate. Assim, registramos, da forma mais transparente e genuína possível, os esforços do mundo espiritual superior para dotar nosso grupo de condições mínimas para sustentar as tarefas de resgate, as quais têm sido feitas com espíritos que se encontram em hipnose profunda nas malhas magnéticas da maldade e da perversidade, localizadas nas densas trevas abismais.

Na segunda parte, apresentamos as metodologias dos espíritos superiores que atuam nas regiões abismais, trazendo exemplos sublimes de amor incondicional e confiança irrestrita nas possibilidades dos espíritos em equívocos graves. Estes são tratados, por corações sublimados no amor e na sabedoria, como verdadeiras obras-primas da criação e como herdeiros de todas as virtudes e atributos de nosso Pai Celestial.

Apresentamos, ainda nessa segunda parte, a saga dolorosa e instrutiva desses espíritos que habitam as regiões abismais, os quais são chamados, desde o Velho Testamento, de "anjos decaídos". A partir de suas regressões de memória espiritual, poderá ser constatado, de forma clara e irrefutável, quão verdadeira e apropriada é essa designação.

No decorrer da série que se inicia com esta obra, conscientizamos nossos leitores, também, de que existe uma comunidade de espíritos amotinados fora do planeta. Eles, por muito tempo, absorveram energias deletérias do planeta por intermédio do nosso irmão Lúcifer, aquele que designava a si mesmo como o "rei das trevas". Assim, o companheiro, até bem pouco tempo, manipulava e tutelava com ferocidade o núcleo das trevas, embora ele também estivesse sob jugo de outras mentes.

Contudo, esses espíritos encontram-se na pauta de Jesus; são aquelas ovelhas que o Senhor disse ter, mas que não eram "desse aprisco", isto é, não se encontravam ainda diretamente envolvidas com o psiquismo do planeta Terra, embora retirem daqui as energias deletérias necessárias para se conservarem na rebeldia e na guerra milenar contra as determinações de nosso Pai Celestial.

É importante observar que a frente de resgates de espíritos muito comprometidos nas regiões abismais, por si só, já se apresentava como um desafio colossal, devido à necessidade de se compreender premissas doutrinárias ainda pouco estudadas, e menos ainda entendidas, pela maioria dos espíritas. Algumas dessas premissas são as possíveis deformações do corpo espiritual ocorridas por meio de processos sofisticados de hipnose, levando-o a animalizações inimagináveis (como aquela descrita por André Luiz[2]), bem como as relações de membros encarnados de nossos agrupamentos espíritas com comunidades de outros mundos habitados, ocorridas antes mesmo dos processos de deportação que nos fixaram aqui na Terra.

Embora conheçamos os relatos contidos no Velho e no Novo Testamento, nas obras básicas da Doutrina Espírita e nas obras subsidiárias sobre a questão da pluralidade dos mundos habitados, e mesmo sabendo que os espíritos superiores deixaram claro, em *O livro dos espíritos*, pergunta 172, que as nossas diversas existências corporais não se verificam todas na Terra, não tem sido fácil, para a família espírita, contextualizar tais informações.

A outra frente de trabalho a que nosso grupo, desde o início, foi chamado a dar sustentação, e a qual é complementar a essas reuniões de resgate e reencontros espirituais, está relacionada às reuniões de tratamento e de reconstituição de órgãos e glândulas do corpo espiritual, aqui também registradas na íntegra.

Essa tarefa envolve um centro de tratamento nos moldes de hospital-escola. No mundo espiritual, esse centro acolhe e restitui

---

2 *Libertação, capítulo V.* André Luiz pela psicografia de Francisco Cândido Xavier.

a capacidade de nossos irmãos, resgatados nas regiões abismais da Terra e fora dela, de voltarem, de forma mais eficaz, à atividade construtiva e benéfica, agregando valores e virtudes aos seus espíritos ao longo das jornadas evolutivas que doravante encetarão, novamente comprometidos com as premissas de nosso Pai Celestial. Para tanto, a espiritualidade inclui, nesses tratamentos, sessões de catarse desses espíritos, as quais ocorrem em grupos mediúnicos com finalidade específica. Essas sessões também são publicadas aqui na íntegra, devido às informações e lições de profundo significado que certamente mudarão nossas perspectivas e referências sobre os processos de evolução em que estamos matriculados.

Nos momentos de regressão de memória dos espíritos a vidas felizes em suas jornadas evolutivas passadas, a movimentação ostensiva de ectoplasma extraído dos participantes encarnados favorece a troca de aparelhos que substituem os órgãos originais do corpo espiritual por órgãos genuínos, novamente plasmados pelas matrizes do pensamento, as quais estão na mente dos nossos irmãos.

A terceira frente de trabalho a que nosso grupo foi convocado é a que viabiliza tratamentos espirituais em dirigentes espíritas, os quais são atacados pelos nossos irmãos domiciliados nas regiões abismais. Estes, por sua vez, são controlados por espíritos ainda mais enlouquecidos, que administram o mal e a perversidade na Terra de fora do nosso planeta, radicalizados na revolta contra nosso Pai Celestial.

As mensagens da segunda parte desta obra reproduzem na íntegra os diálogos entre os mundos físico e espiritual e foram gravadas, por meio da psicofonia, nas reuniões de resgate daqueles espíritos que estavam em dificuldades indescritíveis nas regiões abismais dos planos espirituais.

A notícia mais feliz que se pode registrar dessas reuniões é a de que espíritos que antes formavam o núcleo mais rígido das trevas, de onde eram administradas todas as ações de desestabilização da humanidade, estão agora em roteiro espiritual de recomeço sob os cuidados de Jesus e sob as bênçãos de nosso Pai Celestial. Assim, esses espíritos reproduzem, de forma perfeita e clara em suas vidas, o roteiro do filho pródigo, extraído da belíssima parábola que Jesus contou.

As notícias confirmam as orientações doutrinárias e evangélicas sobre a solidariedade existente entre os mundos habitados e os laços que ligam o planeta Terra a outros orbes, corroborando a fala de Jesus sobre suas ovelhas que não eram deste aprisco. Essas notícias também confirmam o que todos sabíamos sobre o momento de transição, mas os espíritos sublimados no amor ao semelhante o fazem demonstrando, com atitudes fraternas e serviço solidário junto às trevas, como se dará o final dos tempos de provas e expiações e a entrada definitiva da Terra na Era da Regeneração.

Entregamos estes registros aos queridos irmãos e amigos da Doutrina Espírita e aos vínculos de nossa família espiritual que estagiam em outras crenças religiosas ou segmentos filosóficos e científicos dos mais variados matizes.

Pedimos a Jesus e seus prepostos que nos abençoem o ideal de estudar e compreender melhor o importante momento que todos nós experimentamos nessa entrada da humanidade no terceiro milênio, o qual prenuncia grandes conquistas espirituais para todos os espíritos encarnados e desencarnados que aqui estagiam.

Desejamos uma boa leitura.

Fraternalmente,

CARES — Caravana de Espíritas Solidários

Prefácio

Quem tem ouvidos de ouvir ouça.
Lucas 8:8.

Ouvidos atentos

Irmãos, o Cristo, com suas palavras, chama-nos a atenção: não basta apenas o órgão auditivo para que o ato de ouvir aconteça. Aquele que deseja assimilar verdadeiramente os conhecimentos e as lições espirituais precisa abrir sua mente e seu coração de forma humilde e sincera. Somente assim a audição se fará clara e o ensinamento se concretizará, multiplicando-se como as sementes: "uma a trinta, outra a sessenta e outra a cem"[1].

Os corações que, ouvindo os ensinamentos contidos nesta coletânea, fizerem-se como a boa terra, recebendo a boa semente e a multiplicando, granjearão o galardão da alegria, da paz e do crescimento espiritual. Caríssimos, os irmãos que registram, nesta obra, suas histórias trazem marcas de talentos que foram mal utilizados, escondidos ou guardados momentaneamente ao se entregarem aos

1 Mateus 13:8.

equívocos de escolhas erradas, as quais dificultaram o alcance de seus corações às esferas superiores. Porém, com a permissão do Criador, para o benefício desses irmãos e dos corações a eles vinculados, essas histórias servirão de apoio e referência a todos que estão na caminhada evolutiva em busca de seu aperfeiçoamento espiritual.

As questões das quais tratam esses companheiros que aqui registraram suas experiências não nos vêm apenas agora; não há, a rigor, nada de novo nesses relatos. O conteúdo aqui posto retoma os ensinamentos trazidos por outros trabalhadores da seara do Cristo, como Emmanuel e André Luiz, que nos descreveram fatos semelhantes aos contidos nesta obra; eles informaram sobre a diversidade dos mundos habitados, as deportações, a relação das redes de domínio do poder inferior, os casos de zoantropia, entre tantos outros assuntos que aqui estão registrados.

Os aspectos mais relevantes desta obra, contudo, dizem respeito à convivência do mundo físico com os espíritos do plano superior, bem como aos ensinamentos e às lições de amor recebidos de amigos caros aos nossos corações, tais como Maria de Nazaré, Maria de Betânia, João Evangelista, Paulo de Tarso, Barnabé, além de membros do conjunto de espíritos crísticos, os quais intercambiam ações para o desenvolvimento desse orbe. Esses espíritos foram citados por Emmanuel, pela mediunidade de nosso irmão Francisco Cândido Xavier, sobretudo na obra *A caminho da luz*.

A série **Filhos pródigos** nos apresenta, também, ensinamentos quanto ao uso da mediunidade, chamando a atenção para o intercâmbio com o mundo invisível, lembrando a lição entregue por Allan Kardec, em *O livro dos médiuns*, quando esclarece que os sentimentos dos espíritos superiores não se podem falsear.

Os exemplos de vida registrados nesta obra trazem, ao plano físico, lições de irmãos que, devido a escolhas individuais menos felizes, atrasaram seu progresso espiritual durante diversas vidas. Eles, porém, reconheceram seu equívoco e, como o filho pródigo, retornam agora à casa do Pai, com as mentes e os corações abertos para ouvir, de forma clara e transparente, o verdadeiro propósito da Boa Nova. Esta, anunciada pelo Cristo e aclarada pela disseminação do Consolador Prometido – a Doutrina Espírita –, foi entregue à humanidade por Allan Kardec, abnegado servidor da seara do Senhor.

Muitos reconheceram a Doutrina Espírita como uma revelação. No entanto, em nossos corações, percebemos que ela é tão somente a retomada do trabalho iniciado e conduzido por Jesus, nosso Senhor e Mestre.

Diversos trabalhadores, alguns deles anônimos, continuaram lançando as sementes da Doutrina de Amor, as quais foram entregues a todos nós, assim como o Senhor fez com seus servos, a quem entregou talentos.

Hoje, esses abençoados ensinamentos revelam a nós os nossos talentos, habilidades, dons e conhecimentos. Dessa forma, as lições que nos relembram a bondade divina, a misericórdia do Criador e o amor imorredouro de Jesus também são rememoradas pelos corações que se fazem conhecer nesta obra, de forma que possam ser cultivados, em nós, os mesmos valores do bem que foram semeados neles.

Todas essas informações foram inseridas, aqui, no esforço da espiritualidade superior em nos convidar a unir corações, de forma que o conhecimento possa ser verdadeiramente compartilhado e compreendido por nós.

Lembremo-nos de que, há mais de 60 anos, fez-se um Pacto de Luz – acordado e avalizado pela espiritualidade superior, junto aos dirigentes encarnados comprometidos com a Doutrina de Amor –, o qual precisa ser permanentemente retomado. Muitos de nossos irmãos dirigentes ainda necessitam rever posicionamentos íntimos para que a verdadeira unificação, iniciada há seis décadas, estabeleça-se, podendo trazer aos homens a verdadeira luz da Doutrina Espírita.

Não nos esqueçamos, porém, de que, dentro da convivência das casas que estudam e praticam a Doutrina de Amor, a mudança de postura íntima surge a partir do momento em que todos, não apenas dirigentes, mas também médiuns e trabalhadores, abrem suas mentes e seus corações para ouvir e, enfim, unir-se como irmãos. Assim, com a sinceridade do filho pródigo, reconheçamos os erros que nos são próprios, percebendo os equívocos que decorrem de nosso atual estágio evolutivo. Só depois disso, será possível unificarmos as instituições que representamos em um único propósito, no qual todos atuam como semeadores na seara do Cristo, produzindo árvores com bons frutos. Dessa maneira, com a mesma simplicidade do filho que despertou, retornaremos à casa do Pai, que é harmonia íntima, paz e cooperativismo entre todos.

Amigos, o posicionamento dos irmãos que aqui se fazem conhecer por meio de suas histórias nos mostra que a atitude de filhos pródigos, plena de maturidade e consciência de sua realidade espiritual, é necessária para a retomada do programa de evolução e dos talentos que nos foram confiados, de forma que a lei de amor vivenciada por Jesus seja levada aos irmãos que nos cercam.

Estejamos unidos e preparados para ouvir, de forma clara e transparente, com ouvidos atentos e com coração humilde, as lições de amor que os nossos irmãos nos trazem.

Estejam em paz!

Calebe[2]

---

2 Nome como é conhecido Estevão, o primeiro mártir do Cristianismo Primitivo, pelos espíritos resgatados nas regiões abismais, os quais são originários de outros planetas. Calebe era a denominação de Estevão em uma existência como educador e orientador em um dos planetas de Capela, de onde veio um grande número de espíritos deportados para a Terra e que têm suas histórias relatadas nas obras da série **Filhos pródigos.**

Introdução

O intercâmbio com o invisível é um movimento sagrado, em função restauradora do Cristianismo puro.
Emmanuel
Nosso Lar (Prefácio).

Caro leitor, Jesus nos guarde na Sua paz.

Este trabalho que entregamos a você agora, plenos de alegria, não é uma obra de ficção nem se trata de fruto do imaginário de algum escritor inspirado. Aqui, estão registradas histórias reais, colhidas em oportunidades de intercâmbio entre grupos de tarefeiros cristãos espíritas e espíritos domiciliados nos planos espirituais.

Esse intercâmbio espiritual se realiza, há mais de uma década, em vários grupos e instituições espíritas diferentes que compõem a CARES – Caravana de Espíritas Solidários. Seus membros se encontram, semanalmente, em reuniões de estudos, trocas de experiências e trabalhos mediúnicos, convivendo em efetiva oficina de ideias à luz do Evangelho e dos postulados da Doutrina Espírita. Esses grupos e instituições estão sintonizados no mesmo ideal: aprender com

Jesus a servir, sob a égide do seu Evangelho[1] e do Consolador Prometido – a Doutrina Espírita –, sem prejuízo às atividades de seus respectivos núcleos espíritas.

As ocorrências espirituais aqui publicadas são de grande interesse para inúmeras coletividades, como as famílias cristãs dos mais diferentes segmentos religiosos, institucionalizados ou não, especialmente a nossa família cristã espírita. Para assimilar essas ocorrências, contudo, não basta apenas o intelecto bem desenvolvido; é necessário, também, equilibrar, dentro da própria alma, razão e sentimento, sabedoria e amor. Só assim será possível, aos homens, compreender e adentrar por mais essa porta que se abre ao conhecimento humano sobre suas origens, seus destinos e, especialmente, sobre a forma como opera o Criador, nosso Pai Celestial, na execução de suas leis sábias e soberanas, sempre favorecendo a Seus filhos com Sua bondade, cobrindo-os com Sua justiça e desvelando-Se em misericordioso amor.

Compreendemos que, no decorrer da leitura desta obra, alguns leitores poderão recrudescer na desconfiança e na rejeição, pelo fato de não estarem afeitos, ainda, à forma de relacionamento entre o mundo físico e o espiritual aqui registrada ou, ainda, por serem surpreendidos pela transcendência dos atendimentos espirituais aqui publicados. Estes contam com a participação e a coordenação de espíritos da mais alta envergadura espiritual atuando proativa, prestimosa e humildemente no resgate de espíritos líderes das trevas, os quais se encontram na mais baixa condição espiritual, escravizados pelo magnetismo da maldade e da perversidade.

---

1 Lembramo-nos de que Emmanuel, na obra *Opinião espírita*, diz que o Evangelho é a porta e a Doutrina Espírita é a chave. Cremos nesse ensinamento e, por isso, entendemos que estudar a Doutrina Espírita sem usá-la para abrir a porta do Evangelho é um passo valoroso, porém incompleto. Acreditamos, pois, que a Doutrina Espírita só tem valor se for usada como instrumento para decodificar o Novo Testamento, que Jesus nos legou com o sacrifício da própria vida. Kardec, ao organizar o *Evangelho segundo o espiritismo*, indicou o caminho para decodificar o Evangelho de Jesus. Já Emmanuel seguiu-lhe os passos com seus livros, que comentam versículos do Evangelho, ensinando o cristão espírita a tirar o espírito da letra, a qual, segundo o apóstolo Paulo, é morta.

Contudo, essas posturas não são novas, já tendo sido registradas na introdução de *O livro dos espíritos*, último parágrafo do item VII, e também em *O livro dos médiuns*, item 30, capítulo III. Da mesma maneira, também não são novas as premissas que asseveram ser a mediunidade um meio para se dar aos homens o conhecimento da verdade, bem como para o aperfeiçoamento moral das pessoas, tal como consta em *O livro dos médiuns*.[2]

Alguns leitores poderão imaginar que os espíritos puros, ou já redimidos, nessa hora de transição e de sofrimentos regeneradores pela qual passa a humanidade, estariam jornadeando em céus distantes, indiferentes, portanto, aos nossos sofrimentos ou testemunhos. No entanto, Emmanuel, na introdução de *Missionários da luz*, chama-nos a atenção quanto a essa percepção irreal sobre os amigos espirituais que, supostamente, habitariam regiões de menor esforço e tranquilidade em paragens quase inalcançáveis. Portanto, o próprio autor espiritual da referida obra já havia asseverado a necessidade de uma mudança no que diz respeito à ideia da natureza do trabalho dos espíritos superiores e dos locais onde eles habitam. Além disso, também poderão pensar que os espíritos hipnotizados nos mais avançados graus de maldade e perversidade não possam se valer da misericórdia divina como filhos de Deus, herdeiros que são de Seus atributos e virtudes e, portanto, verdadeiras obras-primas da criação.

Esses leitores, muitos deles amigos bem-intencionados, poderão não admitir que nosso Pai Celestial trate com tanto carinho e sublimado amor espíritos milenarmente escravizados pela maldade e pela perversidade. Esquecem-se da belíssima passagem do filho

---

2 Não se entende a reunião mediúnica como caridade aos desencarnados, porque exercitar conjuntamente os valores da solidariedade e da fraternidade é o objetivo final da evolução de todos os seres. Não foi por outra razão que os espíritos superiores registraram em *O livro dos médiuns*, de forma objetiva, a função das tarefas mediúnicas: *"Este dom de Deus não é concedido ao médium para seu deleite e, ainda menos, para satisfação de suas ambições, mas para o fim da sua melhora espiritual e para dar a conhecer aos homens a verdade."*. (*O livro dos* médiuns, capítulo XVII, item 220, 3º parágrafo.)

pródigo[3], em que Jesus nos apresenta um Deus de amor, Pai misericordioso e bondoso, sempre atento ao primeiro passo de seus filhos extraviados no erro, quando estes deliberam retornar à Sua casa, comprovando o ensinamento de que "o Pai não quer a morte do pecador, mas sim a morte do pecado".[4]

Jesus foi claro ao considerar que "há alegria diante dos anjos de Deus por um pecador que se arrepende"[5] e que, na casa do Pai, há significativa mobilização para o retorno de uma ovelha perdida[6], havendo, inclusive, "alegria no céu por um pecador que se arrepende mais do que por noventa e nove justos que não necessitam de arrependimento".[7]

Mais surpresos ainda ficarão alguns leitores ao serem informados de que os intermediários encarnados dessas obras constituem grupos simples e anônimos, constituídos, em sua maioria, por jovens[8], embora todos os membros, independentemente da idade, estejam comprometidos com o esforço de amor ao próximo e de vivência dos postulados evangélicos exemplificados por Jesus.

Importa ressaltar que, nos momentos em que o texto das mensagens se apresentar com a marcação de itálico, há, ali, relatos e falas do médium, seja ao relatar situações ao dirigente antes ou depois dos atendimentos mediúnicos, seja ao atuar como instrumento de comunicação dos espíritos. Já as sentenças sem a marcação de

3 Lucas 15:11-32.
4 Ezequiel 8:23.
5 Lucas 15:7.
6 Lucas 15:3-7.
7 Lucas 15:7.
8 Para participar de tarefa mediúnica junto aos grupos que compõem a CARES, os membros devem demonstrar o devido "desenvolvimento moral", participando de, no mínimo, uma tarefa assistencial por semana, no esforço por amealhar melhores condições íntimas. Devem, também, praticar o "estudo prévio da teoria", dispondo de um momento semanal para estudo da Doutrina Espírita, contextualizando-a com os registros do Evangelho contido no Novo Testamento. Não há segregação, nos grupos mediúnicos, de pessoas jovens, pois o próprio Codificador não estipulou idade mínima para a participação nas tarefas mediúnicas, como se pode observar, sobretudo, no capítulo XVIII, "Dos inconvenientes e perigos da mediunidade", de *O livro dos médiuns*.

itálico são provenientes dos dirigentes, em contato com os medianeiros ou com os espíritos comunicantes.

Um trabalho dessa natureza não pode prescindir do estudo contextualizado do Evangelho. Assim, semanalmente, os grupos envolvidos com o trabalho aqui apresentado se reúnem para estudar o Novo Testamento, com vistas a sustentar uma programação pessoal consistentemente espiritualizante de cada membro dessas tarefas. Esse esforço de estudar o Evangelho em grupo, de maneira interativa, se efetiva para que objetivamente tenhamos Jesus como modelo e guia e seus ensinamentos como balizas claras, que assegurem equilíbrio e segurança à tarefa e nos ajudem a ser cristãos legítimos e determinados a valer-nos da reencarnação para a nossa definitiva afirmação no bem maior. Portanto, precisamos de contato permanente com as lições do Senhor de forma que, ajudando-nos uns aos outros, possamos vir sempre a entender melhor as premissas de nosso Pai Celestial contidas nos Evangelhos. É assim que esperamos nos habilitar para nos apresentar como instrumentos úteis e de fácil manejo nas mãos dos sublimados e amorosos prepostos de nosso Senhor e Mestre.

Aliás, essa postura vai ao encontro da própria importância do Evangelho na vida das pessoas, tal como destaca Allan Kardec:

> [...] uma regra de conduta abrangendo todas as circunstâncias da vida, privada e pública, o princípio de todas as relações sociais fundadas sobre a mais rigorosa justiça; é, enfim, e acima de tudo, o caminho infalível da felicidade esperada, um canto do véu levantado sobre a vida futura. (*O Evangelho segundo o espiritismo*, Introdução, primeiro parágrafo).

E diz mais no parágrafo seguinte, constatando que:

Todo o mundo admira a moral evangélica, cada um proclama-lhe a sublimidade e a necessidade, mas muitos o fazem confiantes, sobre o que dela ouviram dizer ou sobre a fé originada de algumas máximas que se tornaram proverbiais, mas poucos a conhecem a fundo, menos ainda a compreendem e sabem deduzir suas consequências.

O leitor encontrará ainda situações que obedecem ou se encaixam naturalmente a outros princípios decorrentes daqueles contidos no Novo Testamento. São eles os princípios básicos, em que se fundamenta a Doutrina Espírita e que são confirmados pelo próprio Evangelho.[9]

Entregamos, enfim, essas lições à comunidade espírita, aos cristãos das várias vertentes do Cristianismo e à humanidade, no geral, desejando que os benefícios que temos colhido dessas experiências e que fortalecem nossos corações possam, igualmente, favorecer a todos que tiverem contato com esses relatos.

Rogamos ao Senhor que abençoe nossos leitores e os guarde na Sua paz.

Fraternalmente,

CARES — Caravana de Espíritas Solidários

---

9 Os princípios básicos são: "A pluralidade dos mundos habitados" (*O livro dos espíritos*, questão 55; Jo 14:2); "A lei de evolução" (*O livro dos espíritos*, questão 114; Mt 5:48); "A lei de causa e efeito" (*O livro dos espíritos*, questão 964; Mt 16:27); "A imortalidade da alma" (*O livro dos espíritos*, questão 83; Mt 10:28 e 17:3); "O livre-arbítrio" (*O livro dos espíritos*, questão 843; Mt 5:37); "A reencarnação" (*O livro dos espíritos*, questão 171; Jo 3:3); "A influência dos espíritos em nossa vida" (*O livro dos espíritos*, questões 87 e 459; Mc 16:15); "Influência dos espíritos na natureza" (*O livro dos espíritos*, questão 536; Mc 4:39); "O plano espiritual" (*O livro dos espíritos*, questão 149; Mc 16:19; Jo 18:36); "A vida futura" (*O livro dos espíritos*, questão 959; Mt 6:19-21); "A mediunidade" (*O livro dos médiuns*, capítulo 14, item159; Mt 10:19-20).
Devemos lembrar ainda da base de toda a Doutrina Espírita, a qual se assenta em Deus, a "Inteligência Suprema e Causa Primária de todas as coisas" (*O livro dos espíritos*, questão 1), com sua justiça, amorosa, boa e misericordiosa. Além disso, naturalmente, não podemos nos esquecer de Jesus, (*O livro dos espíritos*, questão 625; Jo 1:3-4; Mt 16:16), o guia e modelo da humanidade, construtor do planeta e seu governador espiritual, e que opera, incansavelmente, junto à humanidade sob a égide de Deus, nosso Pai Celestial. Devemos nos lembrar, também, do "Espírito" (*O livro dos espíritos*, questão 115; Lc 24:39), o que todos nós somos, os seres pensantes, obras-primas da Criação, criados por Deus como herdeiros de seus atributos, portanto, criados para o amor, para a luz, para a perfeição. Além disso, importa considerar ainda o perispírito (*O livro dos espíritos*, questões 95 e 135; Mt 17:2).

Primeira Parte

1

“Amigo a que vieste?”

Jesus, porém, lhe disse: Amigo, a que vieste?
Nisto, aproximando-se eles, lançaram mão de Jesus e o prenderam.
Mateus 26:50.

Que Jesus, o Mestre Excelso, seja sempre o nosso maior símbolo de amizade e amor irrestrito!

Queridos amigos em fé e esperança, estamos sendo chamados por nosso Mestre a desdobrar forças e possibilidades em seu nome. Entretanto, encontramo-nos ainda em momentos de preparação íntima, nos quais nossos verdadeiros valores não estão claros para nós mesmos.

Muitos de nossos irmãos não estão, ainda, prontos para conhecer a realidade do mandato; outros não querem saber “a que vieram”; alguns, infelizmente, estão de olhos fechados para o chamado do Mestre.

Surgem, com isso, muitas perguntas, que falam alto em nossos corações: Qual a nossa missão? Qual a missão do grupo ao qual nos engajamos? O que devemos fazer hoje e amanhã? Até quando estaremos de olhos fechados para as realidades maiores de Deus? Até quando estaremos valorizando o "eu" e esquecendo o "nós"? Quando despertaremos para o chamado de nosso Amigo?

São muitas perguntas, mas poucas respostas sensatas e verdadeiras.

Meus queridos irmãos, não nos acomodemos nem nos poupemos! Muitas vezes, questionamos se estamos onde estamos, prontos para realizar o melhor em nome do Cristo. Estejamos, então, prontos para servir com o nosso melhor, dentro de nossas possibilidades, superando empecilhos, dificuldades e problemas. Afinal, nunca nos foi prometido um caminho sem obstáculos, mas, sim, o Consolador, para aliviar-nos e para auxiliar-nos na transposição dos empecilhos.

Não nos deixemos levar pelo comodismo e pelo amor próprio. Busquemos, ao contrário, o exemplo do Cristo, que esteve sempre disponível para nos auxiliar e nos orientar, independentemente de condição ou facilidade existente no momento. Tentemos sobrepujar as pequenas dificuldades, que muitas vezes aparecem para medir a nossa resistência e a nossa força de vontade.

Diante de nós, as possibilidades se estendem como suave caminho que nos leva a um objetivo maior. Não nos esqueçamos jamais do compromisso assumido e não nos permitamos ser aqueles que se deixam levar por caminhos que não chegam a lugar algum.

Busquemos, na prece e no equilíbrio íntimo, as forças para a realização daquilo que compete a cada um.

Paz e confiança sempre!

Um amigo espiritual

Caros amigos, com essa mensagem, iniciaram-se, aos nossos olhos, os cuidados da espiritualidade superior junto a nosso grupo, então em preparação específica para as tarefas aqui registradas. Vale dizer que não suspeitávamos ou sequer cogitávamos nos envolver em tarefas da natureza a que fomos chamados pelas circunstâncias. Hoje, no entanto, mais de treze anos depois de ocorrências inusitadas em torno desse grupo, percebemos ter sido feito um esforço imenso do mundo espiritual, de forma que todos que se encontravam domiciliados em nossa casa pudessem ser minimamente qualificados para as responsabilidades que viriam, as quais seriam dadas de acordo com uma programação anteriormente preparada e aceita espontaneamente por cada um.

Ao longo das reuniões mediúnicas, a espiritualidade amiga se conduziu com uma meta bem definida: qualificar um dos vários grupos domiciliados em nossa casa, o qual tivesse apresentado as condições mais favoráveis para se lançar à tarefa de resgates.

Certamente, os amigos do mundo maior já sabiam, de antemão, que alguns companheiros encarnados, tendo inicialmente aceitado ingressar na tarefa de resgates de membros de nossa família espiritual nas trevas abismais, não continuariam nessa programação quando esta chegasse a estágios mais avançados.

O grupo habilitado para a tarefa de resgates foi fortalecido pelos amigos espirituais para que continuasse vencendo as ciladas urdidas pelos adversários do trabalho e dos reencontros espirituais, as quais tinham o objetivo de desviar os membros deste grupo dos compromissos anteriormente assumidos. O mundo espiritual se mantinha, assim, atento e antecipava-se às investidas contra as tarefas e contra os tarefeiros do grupo, de forma que, mesmo em meio aos ataques, o trabalho conseguia se consolidar. Embora sejamos frágeis e incipientes, a vitória da espiritualidade superior na proteção de todos nós, os encarnados envolvidos nessa jornada de aprendizado no bem maior, se patenteia soberana.

Há alguns anos, ao se iniciarem as abordagens da espiritualidade superior junto a nossos grupos, sofríamos ataques impiedosos e inusitados dos "príncipes das trevas", que se sentiam afrontados com os resgates de líderes de suas falanges, os quais estavam, já há alguns milênios, bem acomodados em suas frentes de batalha contrárias aos desígnios de Deus e ao programa de Jesus, guia, modelo e governador espiritual do planeta Terra. Esses "príncipes das trevas" não sabiam que estavam, todos eles, indistintamente sob o olhar atento e cuidadoso de nosso Senhor e Mestre, desde milênios sem fim. Nessa época, nenhum dos nossos grupos de resgate conseguia imaginar o que estava em jogo.

No entanto, o grupo de encarnados mais resistente e eficaz na sustentação dos primeiros lances de descida às trevas abismais, mesmo não conseguindo acompanhar o desdobramento das tarefas até os dias de hoje, em decorrência das pressões inimagináveis dos "príncipes das trevas", recolheu seu galardão. Isso porque os membros desse grupo se encontram em paz, atuando produtivamente em favor do estudo e da divulgação do Evangelho, em alegria e em contentamento na tarefa do bem maior.

As conquistas desses irmãos se justificam por eles terem proporcionado, em nossa equipe de trabalhos espirituais, valorosa contribuição às primeiras etapas de abordagem e de resgate dos líderes das trevas abismais, visando aplainar os caminhos da era de regeneração que se avizinha.

Já se passou mais de uma década desde as últimas ocorrências dolorosas e difíceis – mas proveitosas e instrutivas –, entretanto o trabalho continua sendo aprofundado e oferece as lições necessárias a todos que perseveraram nos compromissos assumidos, bem como àqueles que chegaram depois ao nosso grupo.

Hoje, as frentes de trabalho com o Cristo são também integradas, de forma segura e proveitosa, por espíritos que, em épocas passadas, atuavam com perspicácia e determinação contra os grupos vinculados à nossa casa, mas que foram resgatados, em nossos grupos, da hipnose estabelecida pelo magnetismo do mal e da perversidade. Embora, para esses espíritos, os esforços de readaptação ao bem sejam difíceis e dolorosos, podemos ver que eles desenvolveram, nas disciplinas austeras e brutais das trevas abismais, têmpera e resistência inimagináveis. Os testemunhos de determinação e de comprometimento desses espíritos com sua recuperação para o bem são impressionantes e verdadeiramente contagiantes, produzindo, em nós, confiança nas premissas divinas. Além disso, somos tomados de grande alegria interior, devido à oportunidade de presenciarmos as lições vivas que esses espíritos nos mostram com suas condutas e com seus esforços ingentes, comprometidos que estão com o bem e com a lei de amor universal contida no Evangelho de Jesus.

2

Grupo

Caríssimos irmãos, tomando o exemplo das comunidades cristãs primitivas, que conseguiram atingir seus objetivos superiores graças à boa vontade, à simplicidade e ao desejo sincero de servir à causa do amor – o Evangelho –, queremos convidar os grupos cristãos contemporâneos a servir ao Evangelho com disposição, simplicidade e despretensão.

Foi grande a nossa peregrinação em busca de condições mínimas para efetivar as nossas propostas de trabalho, as quais objetivavam o resgate de corações pertencentes à nossa família espiritual, que, deportados para a Terra há milênios, vêm sofrendo dificuldades, por eles mesmos impostas, por insistirem em manter a rebeldia contra os desígnios do Criador.

Os relatos que aqui concretizamos poderiam, há muitas décadas, ter vindo a lume. Entretanto, sempre que nos aproximávamos de grupos espíritas capacitados para esses labores, encontrávamos dificuldades junto aos companheiros, que traziam dúvidas e obstáculos para a execução de nosso projeto. Éramos costumeiramente rechaçados pela desconfiança e pela excessiva cautela de dirigentes, que, sentindo-se comprometidos com a Doutrina de forma ainda ingênua, lutavam para preservar o que entendiam ser a "pureza doutrinária". Buscávamos sentimentos puros, mas encontrávamos intelectualismo estéril e orgulhoso, personalismo, egocentrismo, medo, insegurança, dúvidas e, sobretudo, muita omissão.

Não podíamos, no entanto, desanimar. Afinal, nossa missão se perde no tempo. Nosso compromisso vai além das fronteiras daquilo que é compreensível para a maioria dos encarnados na atualidade desta abençoada Terra. Nossa meta é trabalhar pelo saneamento psíquico desse planeta, de forma que ele possa consolidar a sua merecida posição de mundo de regeneração. Nesse sentido, buscávamos, neste país, que é "Coração do mundo e pátria do Evangelho", grupos que pudessem sediar nossa missão, reunindo as condições necessárias para a tarefa.

Foi quando fomos procurados por um espírito amigo, conhecido como Tiradentes, que nos indicou um valoroso trabalhador da Doutrina Espírita, chamado Cícero Pereira[1]. Esse homem, professor por excelência, sincero e esforçado, autêntico discípulo do Evangelho, depositava sua confiança em um grupo nascente, que prometia trabalhar em favor da grande causa do Evangelho. Ofereceu-se, então, como avalista para que esse grupo viesse a sediar o nosso programa de atendimento e de resgate a irmãos que ainda se encontram encarcerados nas viciações do eu inferior.

A formação desse agrupamento já estava providenciada: trata-se de grupo de nossa família espiritual, cujo vínculo se prende aos nossos corações. São irmãos saturados do mal, que oferecem, hoje, seu testemunho para servirem ao programa do Cristo.

A exemplo de Jesus, que convocou seus discípulos, vimos ser essa agremiação a esperança para nosso projeto de resgate. Afinal, esse grupo traz, em seu íntimo, a vontade de servir e a predisposição para trabalhar pelo bem de todos, a começar por eles mesmos.

---

1 Cícero Pereira nasceu em 14 de novembro de 1881, nos arredores de Diamantina, Minas Gerais, vindo a desencarnar em 04 de novembro de 1948, em Belo Horizonte, Minas Gerais, aos 67 anos de idade. Conhecido como professor Cícero Pereira, devido à sua profissão de educador, foi, em 1927, transferido para Belo Horizonte, passando a colaborar na União Espírita Mineira, mormente no jornal *O espírita mineiro*. Substituiu Antônio Lima na presidência da UEM de 1937 a 1940 e, de 1940 a 1948, exerceu a vice-presidência da União Espírita Mineira. Foi um dos fundadores do "Abrigo Jesus", instituição de amparo a crianças órfãs, e da "Casa Transitória", instituição cujo objetivo era atender, em caráter temporário, criaturas desajustadas. Além disso, prestou grande apoio a Francisco Cândido Xavier.

Assim, acatamos de bom grado a indicação do nosso irmão Cícero, a fim de que esse grupo, por ele avalizado e coordenado, viesse a participar de nossa empreitada.

O que mais nos chamou a atenção nesse grupo, e que mereceu nosso imenso carinho, foi o esforço de seus membros em comprometerem-se com o Evangelho, colocando-o no centro de suas cogitações. É grande nossa alegria ao ver como o grupo se compromete com a nossa causa a cada encontro, oferecendo braços, mentes e corações a outros agrupamentos que se proponham a servir ao Evangelho. Seus membros buscam, assim, incentivar e valorizar outros grupos que se disponham a tornar-se genuinamente cristãos. Afinal, é necessário que surjam mais oásis nesse deserto pelo qual, por hora, passa a humanidade terrena. Hoje, através da mediunidade e pelo trabalho desse grupo, estamos levando a efeito os nossos programas, logrando êxito em nossas tarefas de visitas às furnas abismais em busca de nossos entes amados, os quais são, assim, trazidos para a vida. Amamos esse grupo de aprendizes do Evangelho e investimos nele, rogando para que tenha vida longa.

Sarah[2]

2 Sarah é o mesmo espírito que reencarnou em Betânia, na Judeia, como Maria, irmã de Lázaro e Marta.

3

Evangelho e vigor espiritual

Irmãos, não nos iludamos. A responsabilidade conferida a Pedro, o pescador, não ficou no passado. Ela está presente ainda hoje, no chamado de Cristo, que nos convida a ser os "Pedros" da atualidade, os pescadores de homens. Para tanto, lancemos nossas redes ao mar alto de nosso dia a dia, fazendo de nossas iscas o amor ao próximo e o desejo sincero de servir e amar.

Vamos avante no mar alto das lutas e esperanças, com a certeza da paternidade divina ao nosso lado. Sejamos pescadores de homens, com o desejo sincero de ser este nosso trabalho com o Cristo. Tenhamos determinação e confiança no Pai, pois Sua luz é infinita, sábia e sustenta-nos em nossa caminhada. Tenhamos a certeza de que o Pai não nos desampara, pois legou a nós o Evangelho e a Doutrina Espírita, nossa bússola, nossa diretriz.

O Evangelho do Cristo é o remédio para o fortalecimento íntimo. Por isso, não mais hesitemos quanto à fonte da qual emana a força para a nossa caminhada. Não nos permitamos duvidar de nosso caminho, o qual deve ser pautado pelo amor ao próximo.

Por muito tempo, fomos recalcitrantes, assumindo compromissos equivocadamente, os quais criaram dificuldades em nossa caminhada evolutiva. Um de nossos erros foi não valorizar o Evangelho como deveríamos, não o enxergando como alimento indispensável para a manutenção da estabilidade íntima que tanto buscamos e de que tanto precisamos.

Afinal, como poderemos levar o consolo a irmãos menos felizes se não conhecermos e sentirmos o Evangelho do Cristo em nosso íntimo? Só podemos dar aquilo que temos. Portanto, sentir o Evangelho é uma luta constante que devemos travar para dominar as tendências maldosas e obter, a cada passo de nossa caminhada, ainda que titubeante, uma conquista. É o esforço e o desejo sinceros de querer nascer novamente diante da vida com o Pai que nos orienta e favorece nosso crescimento espiritual. No Pai, devemos buscar a segurança; em nosso íntimo, a vontade de crescer. Com determinação e fortalecimento íntimo no bem, alcançaremos nosso alvo.

O exercício da caminhada com propósitos elevados fortalece o íntimo e faz do aprendiz um vencedor de si mesmo. Irmãos, o divino Mestre nos pergunta: "Amigo, tu me amas?". Respondamos a Jesus que sim; nós o amamos em nosso esforço de sentir, a cada dia, o Seu Evangelho; nós o amamos no esforço de nossa melhoria íntima; nós o amamos na caminhada ao encontro de nosso próximo.

Busquemos o Cristo dentro de nós na certeza de que podemos e temos muito a realizar.

Ânimo e avante, hoje e sempre!

Guarde-nos o Senhor na Sua paz.

Ewerton Quadros[1]

1 Marechal Francisco Raimundo Ewerton Quadros foi o primeiro presidente da Federação Espírita Brasileira, ocupando o cargo de 1884 até 1888, quando o cedeu para o Dr. Bezerra de Menezes. Ewerton Quadros nasceu na capital do Maranhão, em 17 de outubro de 1841, e faleceu no Rio de Janeiro, em 20 de novembro de 1919. Espírita desde 1872, formou-se em Engenharia pela Escola Central da Corte (atual Escola Politécnica), vindo a conquistar o grau de bacharel em Ciências Físicas e Matemáticas em 1874.

4

Mensagem do professor Cícero

Momentos antes de receber a mensagem do professor Cícero Pereira, o médium responsável por essa tarefa relatou visão e sentimento, percebidos na reunião do grupo de encarnados em comunhão com os desencarnados, emitindo feixes de luz e em posição de agradecimento pela hora tão esperada.

Pairava no ambiente um clima de reflexão em torno da passagem evangélica "Vinde a mim todos vós que estais cansados e oprimidos que eu vos aliviarei"[1]. Da mesma forma, ressoava no ambiente a imagem da "Parábola da figueira seca"[2], que fazia um paralelo com a figueira verdejante, a qual, apesar de incipiente, traz florações e frutos que atendem ao momento.

A espiritualidade trazia, assim, um sentimento de felicidade que vem do alto, de "cima", pela árvore do Evangelho ter sido transplantada para o Brasil.

A mensagem

Irmãos, o momento é de parceria. Agradeçamos a oportunidade de amadurecermos para a convicção de nossas tarefas, pois todo o trabalho realizado por nosso grupo tem proporcionado à

1 Mateus 11:28.
2 Marcos 11: 12-14.

espiritualidade conteúdos de reflexões profundas sobre a consciência plena de nosso papel no Universo. A cada encontro, nossos amigos do plano espiritual despertam seu amor pela obra que está sendo efetivada. Além disso, durante o sono, realizam encontros com o nosso grupo para capacitação e ensinamento.

A proposta da espiritualidade é fazer o saneamento das regiões abismais e umbralinas, tendo já dado os primeiros passos para essa realização. É uma proposta de trabalho de vários séculos, pois se trata de um convite direto de Jesus.

A espiritualidade propõe que desenvolvamos a consciência cósmica entre os orbes solidários entre si, cabendo a nós, que já temos o gérmen da maturidade, descerrar os novos horizontes aos grupos que ainda não despertaram para essa realidade.

Essa proposta de trabalho deve ser verificada e aceita com o coração sincero e vibrante, pois exige muito mais do que possamos imaginar. Afinal, todos os espíritos atendidos nas tarefas mediúnicas levadas a efeito em nossa casa foram escravizados por milênios. Foram vítimas de mentes envolvidas no magnetismo da perversidade e do mal, que, graças à misericórdia divina, hoje se encontram resguardadas e recuperando-se dos difíceis reflexos gerados nessa trama do mal contra o bem.

A programação da espiritualidade já se iniciou e tem sido eficazmente realizada. Agora, o momento é de reflexão, acuidade e dedicação à tarefa de resgate, que só será divulgada no momento propício. Isso porque entendemos que, para que um grupo possa alcançar seus objetivos, deve, antes, tê-los muito bem definidos. Só após a conquista de uma fase, será possível descortinar a posterior.

Válido dizer, também, que há pessoas em nossa equipe que estão na linha de frente dessa batalha, sendo, por isso, as primeiras a sofrerem os embates. No entanto, nosso grupo conta também com o cuidado daqueles que estão na retaguarda.

Que possamos, dessa forma, ver a nossa casa como um grande conjunto em que cada um está onde precisa, nas condições que pode ofertar no momento. Não nos esqueçamos, no entanto, que precisamos também resgatar a autoestima dos companheiros mais incipientes, ampliando o espírito de união, afinal, nossa equipe está interligada a outros orbes.

Estamos sendo cuidados minuciosamente por vários amigos do plano espiritual, os quais estão nos examinando, clínica e espiritualmente, e nos medicando, quando necessário. Vêm daí, inclusive, as sensações adversas experimentadas por algumas pessoas, as quais são consequência de uma reação contrária ao tratamento.

Estão sendo convocados, ainda, outros médiuns ostensivos para nossa equipe. Estes chegarão no momento certo para trabalhar em uma mesma linha e estão sendo preparados para criar anticorpos capazes de evitar comprometimentos maiores em relação à medicação que tem sido aplicada a nós.

Alguns de nós ainda têm certos questionamentos a respeito de nossa capacidade em assumir os compromissos que se nos descerram nesse trabalho de tantas responsabilidades. Pensamos assim, também, a respeito de nós próprios.

É chegado o momento de nos libertarmos e de colocarmos nossos conhecimentos em prol do resgate próprio e do resgate de membros de nossa família espiritual, compreendendo o que o Criador espera de nós. Em nossa equipe, é valorizada a experiência e o esforço de cada um, pois entendemos que as dificuldades são necessárias para extirpar nossas chagas e vemos que a luz já se faz em nós.

Outros membros do trabalho, domiciliados no plano espiritual, porém mais experientes e há muito já integrados ao Cristo, consideram-nos como uma grande família e estão muito próximos de nós. Abramos, portanto, espaço para a discussão de dúvidas e de anseios, oferecendo o coração aberto na simplicidade e na despretensão, de forma a melhor compreendermos a proposta dos nossos maiores no plano espiritual. Nesse trabalho, nossa grande felicidade é encontrar corações amados que ansiávamos por reencontrar há incontáveis milênios.

Queremos preparar os grupos para que venham servir cada vez com mais eficácia no atendimento às mentes sintonizadas com a revolta, as quais se encontram alojadas próximas à Terra. Por rebeldia, desde a primeira leva de deportados, essas mentes não aceitaram reencarnar em nosso planeta, porém sobrecarregam os deportados que aqui estagiam na busca da redenção espiritual, vampirizando suas energias e estimulando a rebeldia e a permanência no mal, alimentando-nos com energias deletérias, que os sustentam na luta inglória e irracional contra as premissas do Criador, o nosso Pai Celestial.

São tantos os descrentes que se assemelham às figueiras estéreis!

Cabe aos grupos que se afinam com esta proposta – pois não somos os únicos – oferecerem os recursos para que o Evangelho redivivo possa cumprir o papel de Consolador.

Busquemos o suporte no Evangelho para este trabalho, que está sob a guarda direta de Jesus.

Miremo-nos na compreensão de que o Universo é a casa do Pai.

Que Jesus nos guarde, balsamizando nossas dores, enxugando nossas lágrimas e nos sustentando nos momentos de dor[3].

Cícero Pereira[4]

---

3 Ao término dessa mensagem, foi mostrada a cena final do livro *A esquina de pedra*, em que o grupo de cristãos de dentro das águas geladas tinha a visão das fogueiras convidativas do lado de fora. A sensação que o médium narrou é a de que o grupo espiritual está se reencontrando nas dimensões espirituais para o trabalho.

4 Cícero Pereira, nos desdobramentos iniciais da tarefa mediúnica do jovem Chico Xavier, foi eleito por este como um de seus orientadores e conselheiros em matéria doutrinária e conduta espírita no exercício mediúnico.

5

Astra

Nesse dia, a reunião se iniciou com um relato realizado por um dos médiuns presentes.

Em uma de nossas reuniões, recebemos o amigo espiritual Arthur[1], que nos descreveu uma estrela, a qual denominou de Astra.

Arthur nos disse que um grupo de espíritos foi habitar em um dos orbes dessa estrela com o objetivo de conquistar a simplicidade, a fraternidade e a solidariedade pela convivência em comunhão de bens, de forma que compartilhavam tudo o que produziam. Por meio dessa convivência, esses espíritos fortaleceram os laços de amizade e o desejo sincero de crescerem sempre unidos, em harmonia e com a vontade de serem úteis na construção do entendimento e do sentimento de amor universal.

Segundo Arthur, o propósito divino para esse grupo era o de fortalecer seus membros para que, mais tarde, em outra oportunidade, em outra reencarnação, eles pudessem trabalhar em regiões nas quais a intolerância e o egoísmo fossem predominantes. No entanto, eles não iriam para essas regiões como uma família consanguínea ou como um núcleo, mas atuariam, sim, individualmente, em lugares distintos, unidos espiritualmente em sintonia com a programação divina e com o desejo sincero e universal de que a humanidade

1 Nome como é conhecido o apóstolo João Evangelista pelos espíritos resgatados em nossas reuniões e oriundos da deportação de orbe do sistema de Capela.

caminhasse gradativamente para tornar-se uma grande família. Seriam, dessa forma, espíritos preparados para atuar com o verdadeiro propósito da inteligência suprema, atuando como guardiões da paz e da tolerância.

A mensagem de Arthur

É com imensa gratidão ao Pai por essa oportunidade de trabalho que aportamos nestas paragens, neste momento bendito. Nesta hora, não nos podem faltar a compreensão da paternidade divina e a certeza de que nenhum de nós foi criado ao acaso. Todos nós, guardadas a devida proporção e a diferença da individualidade e dos méritos frente à realidade inderrogável da escala espiritual, temos o nosso plano individual e coletivo de evolução e de trabalho.

Por meio dos atendimentos aos espíritos, amados membros de nossa família espiritual, o Pai permitiu-nos entrelaçar os elos de sintonia. O andamento do programa de resgate aos nossos irmãos ainda equivocados dá-nos a oportunidade de crescermos rumo ao verdadeiro entendimento do amor universal. Devemos sempre refletir, portanto, que esta empreitada só é possível porque também nós, sem exceção, estagiamos por fendas obscuras de dor e lamentos.

É imensa nossa alegria quando recebemos a oportunidade de reencontrar aqueles que, apesar de terem alcançado um bom entendimento quanto aos verdadeiros valores da vida, deixaram-se levar à queda espiritual por pequenas dificuldades. Nos momentos em que as lembranças pretéritas vieram, brusca e surpreendentemente, mais fortes do que os verdadeiros valores do bem adquiridos até então por esses espíritos, elas acabaram por arrastá-los aos equívocos promotores de dores desnecessárias e agudas. No entanto, como nos ensinou Tiago[2] no Novo Testamento: "Mas cada um é tentado, quando atraído e engodado pela sua própria concupiscência".

2 Tiago 1:14.

Queridos amigos, vocês perceberão, gradativamente, que este trabalho é uma sequência de tudo o que o grupo tem feito, não apenas nas atividades mediúnicas. Não tenham dúvidas: o grupo já estava inscrito nesta proposta há muito tempo. Ratifico o que foi dito por vários companheiros espirituais do grupo quanto à necessidade de respeitar a condição individual de entendimento. Afinal, todos estarão comprometidos de acordo com a necessidade de crescimento pessoal e de crescimento do trabalho. Essa necessidade de experiências individuais foi respeitada, também, em outras frentes de trabalho nesta casa abençoada e ao longo da reencarnação de cada um.

Irmãos, assim como nós, sintam-se felizes por estarem participando deste banquete de bênçãos que é o trabalho pelo Cristo. Estejam abertos ao trabalho e, consequentemente, a compreensão atingirá o desenvolvimento necessário.

Vocês compreenderão, também de forma gradativa, a programação espiritual do trabalho, por medida de prevenção a algumas dificuldades íntimas que os irmãos ainda trazem consigo, mas que, percebemos, estão dispostos a melhorar.

O relato das experiências deste grupo de amigos espirituais não tem o propósito de destacá-los. Ao contrário, o objetivo é o de trazer, aos irmãos encarnados, experiências e recursos que contribuirão para o crescimento e para o entendimento da proposta divina que norteia toda a obra da criação de nosso Pai.

Arthur

6

Na jornada evolutiva

Busquemos no Pai a força para a caminhada no bem, na qual, a cada passo, alcançamos uma conquista. Por meio do ideal sincero, a segurança estará em nosso íntimo junto com a vontade de crescer. Vamos, portanto, em frente, confiantes no trabalho e em nossas possibilidades como espíritos em evolução.

Determinação: eis o caminho para o fortalecimento íntimo, que culminará no bem. O caminho de lutas favorece o crescimento espiritual, por isso não tenhamos medo de abraçar o trabalho, mesmo que este possa gerar conflitos e dúvidas, pois o que irá autenticá-lo será a autoridade auferida no fazer sem pretensões pessoais, tendo como meta a coerência com Jesus e Kardec.

O trabalho que o grupo empenha-se para realizar é oportunidade de primeira também para muitos de nós, espíritos domiciliados no plano espiritual. Sem o véu da carne, pudemos ter uma visão mais ampla do programa a ser cumprido, e as dúvidas, parte do crescimento daquele que as detém, foram dizimadas após longos processos de preparo e de estudos. À medida que elas são vencidas, consolidam-se conquistas.

Estejamos confiantes e conscientes de que elas são fruto das etapas reencarnatórias e que devem ser discutidas e compreendidas, no intuito de ajudar quem as tem e de fortalecer aqueles que já conseguiram amealhar a certeza e a plena disposição ao trabalho. Vejamos, assim, as dificuldades de alguns como oportunidades para o crescimento de outros.

A marcha do cristão deve ser a passos firmes rumo à superação de suas dificuldades íntimas, tendo como munição o Evangelho. A bandeira a ser hasteada deve ser a do amor, e o objetivo da luta deve ser a conquista de nós mesmos.

Oremos ao Pai, pedindo-o que amplie nossa capacidade de entender o Seu propósito em nossas vidas. Dessa forma, conseguiremos avançar, ampliando a compreensão de Sua paternidade.

Ewerton Quadros

7

Construindo um novo tempo

O movimento espírita passa por um momento de transformações, o qual tem sido avalizado por inúmeros trabalhadores do mundo maior que acompanham de perto as mudanças que atendem ao programa superior do Pai. É um momento de aferição de valores, em que os espíritas estão sendo chamados a refletir sobre o que têm feito com os valores conquistados ao longo de sua caminhada doutrinária, sendo esta uma oportunidade para que os espíritas comprovem sua maturidade em relação aos aprendizados arrebanhados na Doutrina.

Estarão os companheiros inquietos por testificar os conhecimentos?

Pensemos no propósito divino dessa Doutrina esclarecedora, neste contexto em que a humanidade sofre injunções dolorosas, mas necessárias ao crescimento espiritual.

Irmãos, o momento é de fortalecer as convicções, de empunhar a bandeira do esclarecimento e, sobretudo, a do amor. O Evangelho de Jesus e os princípios doutrinários nos consolam, tirando de nossa frente o véu de verdades ainda obscurecidas pelo orgulho e pela vaidade, sentimentos estes ainda marcantes na humanidade.

Jesus foi o grande divisor de águas em um momento em que o mundo era marcado pela tirania. Muitos irmãos de sua época, ainda imaturos espiritualmente, não compreenderam a proposta do Cristo e, por muito tempo, trilharam caminhos de perseguição e crueldade aos cristãos. Entretanto, o Pai, que exerce conosco a tolerância incessante, assegurando o crescimento espiritual de Seus filhos, permite que tenhamos a oportunidade de empunhar a bandeira do Evangelho como proposta de esclarecimento e consolo ao próximo e também a nós mesmos.

Contudo, muitos irmãos ainda buscam o Cristo pregado na cruz, pois se esquecem-se de que Ele veio nos trazer a Boa Nova, o renascer. Apesar do progresso espiritual de muitos companheiros que vivenciaram a época do Cristo e que hoje atuam no seio do Consolador, o cenário não se modificou muito, porque a progressão é íntima, pessoal, é da consciência. Tal avanço demanda tempo e um longo processo de interiorização do bem e, depois, a exteriorização deste, por meio da prática do amor ao próximo.

Dessa forma, irmãos, busquemos a cada dia a exteriorização do amor verdadeiro, manancial de sustentação de toda a caminhada evolutiva. Desçamos o Cristo da cruz e busquemos colocá-Lo dentro de nosso coração, porque só assim Ele norteará os nossos passos.

Célia Xavier[1]

1 Espírito dotado de grandes valores morais, Célia nasceu em Belo Horizonte, em 1916, e, após sofrer uma paralisia no lado esquerdo do corpo durante a juventude, iniciou ações, por meio da costura, em prol de pessoas necessitadas. Esse projeto foi realizado até seu desencarne, no dia 1º de agosto de 1943.

8

O planeta azul

A Terra gira no firmamento, revelando a grandeza Daquele que a criou e que a mantém em sua órbita, a caminho da luz, evoluindo incessantemente e cumprindo o determinismo do Criador. Jesus, o arquiteto do amor, admira-lhe a beleza, vendo-a como morada valiosa na imensidão do espaço sideral.

Orbe da água, a Terra é o berço para a evolução de muitos espíritos, porém não é a única morada residida no universo, sendo também um berço de oportunidades a espíritos que já tiveram experiências em outros mundos, mas que não foram felizes ali em suas iniciativas. A pluralidade dos mundos habitados é um princípio que não deveria ser refutado por nós nem deveria nos surpreender, afinal, Jesus foi categórico em Sua mensagem, ao nos afirmar que há muitas moradas na Casa do Pai.[1]

Esse orbe, querido pelo Mestre Jesus, merece Sua atenção neste momento de profundas transformações. Profetas inúmeros já estiveram aqui preparando o caminho para Cristo, que veio em messianato de amor e nos legou o código moral de redenção para toda a humanidade: o Evangelho. Ainda, enviou-nos, de tempos em tempos, corações valorosos para consolidarem Sua mensagem imorredoura.

Em muitas oportunidades, a treva tentou ofuscar a luz divina, gerando guerras santas, as quais levaram em seu bojo o nome do Cordeiro, o divino pastor.

1 João 14:2.

No entanto, a luz jamais se extinguirá, pois o Mestre a fez brilhar com toda a sua intensidade e pureza quando do advento da terceira revelação: "O Consolador Prometido". Há 144 anos, a Doutrina Espírita se faz presente entre os homens no cumprimento da promessa de Jesus. Assim, o Consolador Prometido, que nos consola e esclarece revelando-nos princípios que regem a vida nos mundos incontáveis do universo, está agora entre nós. Embora ainda incompreendida em sua essência, a Doutrina Espírita aguarda a maturidade dos homens[2].

Entre vós, já se encontram encarnados companheiros experientes que auxiliarão no desenrolar de novas oportunidades para a humanidade terrena, pois é tempo de transformação, aprimoramento e crescimento; é tempo de luz. O momento presente marca o início de um período próspero e fértil para toda a humanidade, pois é chegada a ocasião do amadurecimento das criaturas, as quais vislumbram novas oportunidades. Os espíritos superiores, que compõem o controle universal dos espíritos, acenam a nós favoravelmente para que possamos trazer novas luzes aos homens – novas revelações –, as quais são necessárias, assim como o é complementar e esclarecer melhor aquelas que não foram ainda bem compreendidas.

Com muita alegria, participaremos de um momento ímpar deste orbe e contribuiremos para que a mensagem de Jesus vibre nos corações dos homens, irradiando a luz divina.

Desejamos êxito para todos os cooperadores deste trabalho.

Que Jesus os console nos momentos mais difíceis e que Seu verbo nos alegre os corações na construção da paz.

Que o Mestre nos abençoe hoje e sempre!

Sarah

2 Mensagem recebida no segundo semestre de 2001.

9

A nova era

Nessa noite de rara beleza e significação, queremos grafar nossas experiências para comungá-las com todos os nossos irmãos. Estes, com muito esforço, coragem e determinação, têm tornado possível a programação que o Mestre Jesus traçou para que a Terra classifique-se, enfim, na hierarquia dos mundos como um daqueles que já venceu os estágios das provas e expiações, alçando, assim, voos mais altos para o Mundo de Regeneração.

Nesse momento de lutas e incertezas, em que podemos perceber as dificuldades dos habitantes do orbe na visão da psicosfera planetária, temos a felicidade de participar do alvorecer de uma "Nova Era", pois é chegada a hora do resgate do Cristianismo em toda a sua pureza e originalidade.

Atualmente, vemos um cenário de sofrimento, infligido pelo próprio homem em decorrência de seu orgulho e egoísmo, de sua vaidade – originada do avanço intelectual – e dos vícios milenares, entronizados em nossa intimidade desde outras vivências em outras paisagens.

No entanto, muitos processos de preparação já foram iniciados desde que a Terra recebeu em seu seio as primeiras levas de exilados. Grandes profetas e trabalhadores do bem aqui estiveram dando sua parcela de contribuição, antecedendo a vinda do Governador do planeta.

Jesus, que a todos ama, trouxe-nos o Evangelho, o "código de princípios morais do universo", para direcionar nossa vida, prometendo-nos, ainda, o Consolador, que esclareceria todas as dúvidas. Cumpriu Sua promessa ao permitir que os espíritos concretizassem a programação, codificando o espiritismo entre os homens.

Lutas foram travadas, devido ao processo evolutivo de suas criaturas, para que a mensagem do Mestre permanecesse íntegra na sua essência. Assim, de tempos em tempos, recebemos a visita de missionários, que direcionam nossa conduta para a elevação espiritual. Aliás, a humanidade tem recebido muito, em todos os níveis que possamos analisar.

Estamos agora amadurecidos para viver as derradeiras experiências que nos facilitarão à entrada da "Nova Era".

É chegado, portanto, o momento de abalar as estruturas do "velho mundo" a fim de que a mensagem eterna do Evangelho brilhe com toda a sua plenitude e beleza. Neste novo milênio, a humanidade terrena é brindada com períodos de transformação de toda a sua estrutura.

O trabalho amoroso de Jesus opera nesse instante, e trabalhadores vindos de todos os quadrantes se reúnem nessa hora para participar do processo de mudança.

Aliadas a esses corações, vimos somar criaturas amoráveis, pertencentes à humanidade de outros planetas, perfeitamente habilitadas para contribuírem com este momento. Um grupo de espíritos amadurecidos nas vivências do Evangelho se encontra preparado para aportar no solo das comunidades terrenas, por meio do recurso abençoado da reencarnação. Trata-se de irmãos com vivências no Evangelho e que refletem seus ensinamentos espontaneamente, o que lhes facultará sair vitoriosos dessa programação divina.

Tais espíritos reencarnarão na Terra em breve e se farão perceber por suas ações determinadas no bem e na articulação da paz.

Serão líderes naturais, com inteligência lúcida e sentimentos educados na vivência do Evangelho há milênios e, por isso, direcionarão as criaturas para os valores imorredouros do espírito.

Eles arrastarão multidões com suas palavras confortadoras e afetuosas e terão por missão encontrarem-se com os "Césares" do mundo moderno, que os receberão e lhes respeitarão os propósitos, contribuindo para a sua missão. Os obstáculos serão superados à medida que a transformação se processar.

Esses irmãos, cujas características marcantes são a simplicidade, a despretensão e a alegria, serão verdadeiros catalisadores para o progresso da humanidade terrena.

Suas reencarnações se darão em pontos diferentes do planeta, de forma que todos os continentes os receberão em ventres de raças diferentes e em diversas condições culturais e étnicas. Reencarnarão em zonas de conflitos e também nas regiões ricas, onde o intelectualismo predomina. Oriente Médio, América do Norte, países da África e países escandinavos, juntos, formarão organismos internacionais em condição de selar a paz entre os homens.

Este é um novo momento de nossa caminhada evolutiva e, nos próximos oitenta anos, lançaremos as balizas seguras do porvir.[1]

Outras levas de espíritos atuarão no etéreo da Terra, preparando a comunidade espiritual desencarnada para novas lições no futuro. Maravilhosa oportunidade de crescimento surgirá para todas as criaturas que têm disposição de experimentar essas oportunidades.

Esses companheiros terão no Evangelho a rota para se orientarem na caminhada e, no Espiritismo, a bússola a lhes definirem as diretrizes. Eles encontrarão os recursos na espiritualidade, por meio da mediunidade consciente e madura, para propor mudanças.

Em terras brasileiras, encontram-se atualmente os recursos ativos de vasta literatura e os recursos dos sentimentos que enobrecem

1 Mensagem recebida no segundo semestre de 2001

e que fazem com que a árvore do Evangelho tenha sido transplantada para este solo, consolidando as condições para que o Brasil seja, de fato, o "coração do mundo, a pátria do Evangelho".

Aos grupos espíritas neste limiar de um novo tempo caberá a missão de oferecer à humanidade terrena o porto seguro para sustentar as transformações em suas bases.

Apesar das incertezas desta hora que passa, tenhamos perseverança e tranquilidade, cientes de que, para viver este momento, contamos com a presença ostensiva do Mestre Jesus ao nosso lado.

Terra, tua luz brilhará na imensidão do universo!

Nesta hora de alegria, oremos ao Criador:

Pai de infinito amor e bondade, concedei-nos a alegria no coração por estarmos inseridos na grandeza deste momento, pois tudo se cumpre segundo a Tua vontade. Fortaleça o nosso desejo de contribuir com Tua obra, auxiliando, por meio de nossas experiências, os companheiros que se encontram nas refregas do mundo físico e espiritual, a fim de que conquistem novos valores.

Obrigado, Senhor do universo, por nos convocar para a execução do Teu programa de transformação. Iluminai todos os trabalhadores que operam na construção do bem e da paz e seja conosco, Senhor.

Ampare nossos irmãos que abraçarão Teus propósitos reencarnando neste orbe para se fazerem cartas vivas do Teu Evangelho, trabalhando para o bem de toda a humanidade.

Prepara-nos, Senhor, para servir a cada dia na construção de um novo tempo. Jamais nos deixe esquecer dos companheiros que se encontram em nossa retaguarda, a nos esperar para o momento de trazê-los novamente à luz.

Guarde-nos, Senhor, em Teu coração para sempre.

Sarah

10

Conscientização do grupo

O médium viu uma mesa com diversos espíritos reunidos, muitos desconhecidos por ele, e pressentiu serem do Grupo dos Setenta – Colégio Apostólico formado por Jesus a partir dos Doze –, ao qual pertencem Arthur e Sarah, reencarnados à época de Jesus, respectivamente, como João Evangelista e Maria de Betânia, a irmã de Marta e Lázaro.

Arthur disse ser necessário trazer orientações visando à conscientização do grupo, sobre as quais deveríamos refletir para nos adequarmos ao futuro. Por isso, foi formado um ambiente muito favorável à reunião, inclusive por meio de preparo especial do médium, de forma que a instrução fosse trazida com a segurança e a fidelidade necessárias.

******

Recebam o nosso abraço fraternal.

Nessa noite, temos a felicidade de estarmos juntos aos nossos irmãos encarnados e conscientes das responsabilidades assumidas, para que uma proposta seja lançada.

Informamos aos queridos amigos que, no Brasil, querida Pátria do Evangelho, existem doze grupos mediúnicos devidamente preparados na espiritualidade para colaborar de maneira mais específica nesta hora grave da transição. É chegado o momento de amadurecimento das criaturas, de forma que uma temática tão profunda quanto a dos atendimentos mediúnicos já realizados por vocês possa ser trazida à tona para crescimento e evolução.

Contudo, à medida que a proposta vai sendo efetivada, as reações do mundo inferior tentam minar o trabalho, dificultando, inclusive, a comunicação entre nós, desencarnados e encarnados convocados para essas tarefas. Devido a essas forças, alguns dos grupos preparados anteriormente não estão resistindo ao assédio.

Temos observado o empenho e a dedicação dos irmãos para concretizar a programação, mas temos visto, também, os golpes desferidos contra seus corações e as dificuldades de cada um em permanecer ativamente no trabalho.

Em outras oportunidades, espíritos amigos nos informaram que alguns desses irmãos não resistiriam e que não deveríamos imputar responsabilidades a esses corações, pois eles não alcançariam, ainda, o amadurecimento necessário para oferecer braços fortes a esse trabalho. Esses espíritos amigos disseram também que deveríamos encaminhar esses corações a ambientes onde eles pudessem exercer o trabalho cristão, de acordo com suas possibilidades de entender o Criador e Sua programação, buscando em seu íntimo a realização do trabalho no bem.

Quando este grupo se formou, depositamos um grande projeto em quatro estruturas-pilares, as quais se encontram, contudo, fragilizadas em função dos inúmeros golpes a elas desferidos. Apesar de essas almas nobres e produtivas estarem suportando as dificuldades heroicamente, é hora de fortalecermos essa base, multiplicando os alicerces. Assim, atendendo à misericórdia divina, é chegado o momento de colocarmos em cada uma dessas estruturas um reforço, a fim de que o edifício possa se manter inabalável para sustentar esse valioso e necessário programa, que visa ao saneamento das estruturas psíquicas e espirituais de nosso orbe, bem como busca levar esclarecimento às regiões abismais.

Nessas regiões, tidas como infernais, encontram-se grandes inteligências de outros mundos, que jazem adormecidas no mal e na violência, mas que esperam, no momento oportuno, que a luz as alcance, despertando-as. É chegado o momento de separar o joio do trigo, mas é desejo do Criador que todos tenham as mesmas oportunidades.

Graças ao despertar desses queridos irmãos de outras experiências, libertaremos a Terra e a entregaremos a seus verdadeiros donos, para que ela possa seguir a sua marcha ascensional em direção à sua posição de Morada de Regeneração. As dificuldades encontradas se devem à complexidade e à relevância desse processo.

Irmãos, a hora é grave, mas tenham sempre a certeza de que vocês não estão sozinhos.

Queremos, nessa noite, com o auxílio da mediunidade, trazer essas considerações para que vocês possam refletir e discutir sobre elas, voltando a nos arguir, se necessário. Estaremos aptos a esclarecê-los e felizes por isso.

A primeira questão que desejamos levar a efeito é para que os irmãos reflitam se podem ofertar os ombros fortes e os corações determinados dos quais precisamos para a realização desse trabalho, pois é necessária a definição íntima para vencermos as adversidades e nossas questões pessoais e aprendermos, definitivamente, a encontrar, nesse trabalho, a nossa filosofia de vida.

Assim, é preciso que cada um, em sua consciência, pergunte a si mesmo o que tem a oferecer, o que pode e deseja fazer em favor desse trabalho. A partir de respostas lúcidas, abraçaremos essa proposta e lutaremos por ela, sem esperar que outro o faça. A exemplo de Pedro, no episódio da pesca maravilhosa[1], quando seu barco quase ia a pique e ele avisou aos outros companheiros que ali havia abundância de peixes, compartilhem com outros irmãos do grupo suas

1 Lucas 5: 1-11.

experiências e ofereçam tudo o que têm, assim como Pedro ofereceu ao mendigo: "Não tenho ouro nem prata, mas o que tenho vos dou"[2].

É preciso, também, que cada criatura vença a si própria e marque a sua posição íntima em uma estrutura bem definida. Esta deve ser como o bambu, que, nas noites de tempestade, enverga-se para que a correnteza passe, mas, aos primeiros raios de sol do dia seguinte, encontra-se de pé, em direção a Deus, pronto para continuar.

Esse trabalho visa à redenção de uma grande família espiritual presente em um orbe do Sistema Solar. Por isso, é preciso que os irmãos expandam suas consciências além das fronteiras da Terra, olhando o firmamento e reconhecendo nos astros dos céus os sinais de Deus. Em prece, devemos elevar o pensamento ao Criador para que Ele possa direcionar os melhores recursos de nossos lares, distantes de nossos corações saudosos e carentes daqueles afetos que lá deixamos.

Queridos amigos, nesse momento em que muitos desse grupo se encontram cansados, desenergizados e sem saber o que fazer, compartilhem as suas dúvidas com sinceridade, de forma clara e transparente.

Nosso pedido de cuidado de uns com os outros se justifica pelo fato de todos serem chamados, de todos terem condição. Dessa maneira, queremos tocar seus corações para levar a vocês os pontos positivos, as conquistas realizadas, para que possam vislumbrar o futuro. Não permitam que suas questões pessoais e suas inferioridades arranhem suas consciências, impossibilitando essa libertação!

Os companheiros do nosso grupo chamados para esse trabalho amam vocês incondicionalmente e estão tendo oportunidade de conhecê-los, um a um. Esses companheiros já conquistaram a compreensão de que somente existe alegria no amor e, por isso, abrem os braços para o acolhimento de todos.

---

2 Atos 3:6.

Os nossos irmãos na pauta dos resgates tentam nos atacar, mas, ao se depararem com as estruturas de segurança e de amor implantadas nessa casa, recuam. Com o tempo, perceberão que esse amor pode mudá-los e favorecê-los. Portanto, definam-se de coração como aquele que diz: "Eu quero!".

Tenhamos consciência de que estamos recebendo auxílio de grupos que amam o bem e que estão espalhados por todo o orbe. Sejamos nós também participantes dessa grande caravana do amor e da solidariedade, pois, se assim nos habilitarmos, assim seremos conhecidos.

Meus irmãos, organizem-se e encontrem-se. Nosso pedido é que pensem, analisem, reflitam sobre como tornar homogênea essa proposta, endereçada por nós à família desse grupo. Existem recursos simples, esquecidos na arte da convivência, que podem ajudar a abrir espaços para a melhor preparação do grupo.

Esperamos contar com todos vocês e nos colocamos à disposição para, sempre que necessário, dar os esclarecimentos desejados. Acima de tudo, respeitamos as posições de cada um.

Agradecemos a oportunidade da palavra e queremos registrar hoje o quanto amamos e respeitamos todos vocês e o quanto nos sentimos felizes por estarmos juntos. Nessa casa, sentimo-nos em nosso lar.

Que não nos falte oportunidade de diálogo, de amor e de entendimento.

Jesus está conosco, disso tenhamos certeza.

Que Jesus nos guarde hoje, agora e sempre!

Graças a Deus.

Arthur

11

Reforço da conscientização

Logo após as orientações de Arthur, outra médium, nessa mesma reunião, teve a percepção dos comentários e das orientações do espírito Sarah, os quais registramos a seguir.

******

O que nos é exposto por nosso irmão Arthur é um chamado de alerta para nos comportarmos individualmente como verdadeiros guardiães do trabalho a que fomos chamados. Assim, com definição íntima muito clara, seremos defensores efetivos dessa proposta..

Atualmente, vemos que, dos doze grupos que, junto com vocês, também foram convocados ao trabalho de resgates em zonas abismais, temos seis operantes e uma possibilidade de redução. A espiritualidade tem dado condições para esses grupos remanescentes prosseguirem, oferecendo, especificamente a um desses grupamentos, recursos de defesa e de fortalecimento para que ele possa servir de matriz no processo de multiplicação. Esse grupo atua, assim, como uma célula-mãe, que deve ser defendida, cuidada e fortalecida, pois é a partir dela que se darão sucessivas multiplicações, as quais formarão toda uma nova estrutura.

Inicialmente, essa tarefa competia aos pilares iniciais desse grupo. Estes, contudo, para manter o edifício de pé, estão sofrendo muitas exigências, as quais não conseguem carregar sozinhos. Por isso, é hora de surgirem outros pilares, não com o propósito de defender os primeiros, mas sim de assegurar o conjunto.

Arthur trouxe-nos essas considerações ainda há pouco para que nós ajudemos esse grupo, mantendo-nos ao lado dos pilares iniciais dessa casa a fim de os escorarmos, apoiarmos e sustentarmos. Afinal, estar naquela posição, para eles, foi compromisso e opção; já estar ao lado deles, fortalecendo sua estrutura, é prova de amor ao trabalho. Propomos, então, que todos os trabalhadores tomem conhecimento desse programa, para assimilarem a proposta e avaliarem sua adesão.

Não podemos mais nos permitir ficar indiferentes ao trabalho em função de questões pessoais e de dificuldades de relacionamento. Estejamos conscientes de que a deficiência no relacionamento intrapessoal repercute negativamente no relacionamento interpessoal. Assim, para amar o trabalho verdadeiramente, os irmãos deverão vencer a si mesmos em suas lutas.

É preciso aprender definitivamente o "amai-vos uns aos outros", pois, apesar de os queridos irmãos cuidarem daqueles que são suas afinidades, não o fazem com todos indistintamente. Só vamos conseguir cuidar do grupo quando reunirmos, em uma mesa de trabalho, toda a família de nossa casa, de nosso grupo, e colocarmos às claras essa programação espiritual. Para alcançarmos essa lição, é indispensável cultivarmos o diálogo transparente.

Nós, seus amigos, não nos importamos em ser questionados, pois sabemos que dúvidas são naturais e é bom que questionamentos sejam feitos. A própria comunicação de nosso irmão Arthur, bem como esta alertiva, deve ser analisada criteriosamente. Não estão em jogo os nossos anseios pessoais e grupais, mas, sim, a nossa adesão à programação de resgates e de transição de um orbe do sistema planetário, assim como a nossa compreensão sobre a dificuldade de ampliar em nossa mente a percepção dessa realidade.

Só o amor é a chave que poderá responder por nós.

Sarah

12

Novos esforços para a conscientização

Uma das médiuns nos indicou, antes de receber a mensagem, a existência de uma definição-base, em forma de instruções a todos, cujo processo de assimilação deve ser pessoal. Assim, ao ler a mensagem seguinte, cada um deverá fazer uma análise particular dessas questões em relação ao trabalho e perguntar a si mesmo onde, como e quando está precisando definir alguma coisa.

******

O momento pede discernimento, cautela e disciplina mental, por isso, concentrai vossos esforços para atender aos objetivos traçados por Jesus, nosso Mestre e Amigo, em relação a esse núcleo, pois o Senhor vos convida a ampliar a consciência cósmica, abrindo-lhes novas perspectivas.

Alegrai-vos pela oportunidade de trabalho e vislumbrai o crescimento espiritual a que estão sendo chamados. Motivai-vos com a lição de Jesus, priorizando o Evangelho estudado, compreendido e vivido em vossas vidas.

Estamos amparando o grupo para que seus membros possam vencer os óbices e saiam vitoriosos rumo a novas oportunidades.

Cuidai uns dos outros e priorizais vossas famílias, de forma a contribuírem e participarem deste momento especial da humanidade terrena. Nossos vínculos são profundos e há muito aguardávamos essa oportunidade. Todos são valiosos para o trabalho a se desenvolver e devem sentir-se como pérolas de um lindo colar. Esforçai-vos para seguir as recomendações de Paulo aos Efésios, quando este disse "Exorto-vos a que leveis uma vida digna da vocação a que fostes chamados, com toda a humildade, mansidão e paciência. Suportai-vos uns aos outros na caridade. Esforçai-vos por preservar a unidade do espírito no vínculo da paz"[1].

Espelhai-vos nos exemplos de Paulo nos momentos mais difíceis da jornada.

Nosso amor incondicional a todos!

Caravana da Solidariedade

Bezerra de Menezes e Eurípedes Barsanulfo[2],
em nome do Grupo dos Setenta

1 Efésios 4:1.

2 Eurípedes Barsanulfo nasceu em Sacramento (Minas Gerais) em 1880 e desencarnou em 1918. Fundador do Colégio Espírita Allan Kardec, foi precursor da prática da Pedagogia Espírita e, além de educador, atuou em uma pequena farmácia homeopática fundada por ele próprio, além de ter fundado o grupo espírita Esperança e Caridade.

13

Mundo de regeneração

Quando a Terra foi plasmada e teve sua formação consolidada, o Criador forneceu ao planeta todos os recursos para que este pudesse cumprir sua destinação: servir de morada a espíritos recém-criados e albergar aqueles que, não sabendo valorizar as oportunidades de evolução nas linhas do amor, encontrariam nesse orbe primitivo o berço do recomeço, o qual lhes iria atenuar as dores por meio do esquecimento na carne. Por muito tempo, a Terra classificou-se na categoria dos "mundos primitivos". Ainda assim, o Criador enviou para o planeta, de tempos em tempos, os arautos do bem que, por meio de suas ações, lançaram as balizas do porvir, vencendo todas as adversidades impostas e, inclusive, a si mesmos, ao servirem em nome da grande causa do amor universal.

À custa de muitos esforços, despertava no homem a sua inteligência, lançando as sementes das futuras realizações e iniciando, assim, o nascimento das grandes civilizações.

Jesus, fonte inesgotável de amor, a tudo acompanhou. Aprimorou formas, adequou o orbe para que oferecesse as condições seguras para ser hábitat favorável às novas realizações e presidiu a todas as iniciativas para que não faltasse nada aos futuros habitantes do planeta. Cumprindo a vontade do Pai, enviou a estas paragens seus servidores mais fiéis e dedicados, oferecendo a todos a possibilidade de crescimento e evolução.

Com a presença física de Jesus neste orbe, iniciou-se o processo de regeneração da coletividade terrena. Sua permanência entre os homens, embora de curta duração, deu início a uma nova era para a humanidade, a qual foi marcada pelo progresso moral e pela consolidação dos valores imorredouros do amor. Cumprindo sua promessa de trabalhar em benefício de todos os exilados, originários de outros orbes e sistemas planetários, o Mestre, por fim, entregou-se ao suplício e à morte na cruz, seu sacrifício maior. Sua presença entre os homens foi marcada, dessa maneira, pelo exercício do amor, exemplificado nos mínimos gestos e ações. Peregrino do amor e cultivador da vontade do Pai, Jesus trabalha incessantemente, ainda hoje, em benefício de outros orbes. Por onde passa, deixa ondas de beleza, pureza e Seu magnetismo, que a todos contagia.

No atual estágio pelo qual passa o planeta Terra, em que a humanidade assiste a profundas mudanças em suas estruturas, foi nos dada a missão de trabalhar na consolidação da Era do Espírito. Temos, assim, a oportunidade de trazer ao conhecimento dos homens de boa vontade informações acerca do grupo de trabalho que, vinculado ao coração do Mestre, tem operado para que o processo de regeneração do orbe terreno se faça dentro das programações estabelecidas pelo Criador.

Somos um grupo constituído por setenta espíritos, originários de vários mundos, com experiências em áreas distintas da ciência universal. Atendendo aos apelos do plano superior, candidatamonos à condição de servidores do bem, lutando contra as nossas imperfeições e vencendo, sobretudo, a nós mesmos, afim de que, por meio dos processos evolutivos inerentes a todas as criaturas, das vivências e dos exercícios de superação no bem, tornássemo-nos as cartas vivas do Evangelho.

Jesus nos acompanha diretamente. Isso, no entanto, não faz com que sejamos seres especiais da criação. Ao contrário, somos espíritos comuns, que, por meio de nosso estudo e aprendizado, conquistamos valores necessários para desempenharmos a missão de trabalhar incondicionalmente para o progresso da humanidade, a qual é por nós entendida e compreendida em seu sentido pleno. Para consolidar nossos aprendizados, encarnamos na Terra e orientamos a marcha de nossos irmãos em humanidade, relembrando-lhes as lições hauridas no passado, as quais foram indispensáveis para que pudessem caminhar com maior segurança na nova morada.

A quem muito foi dado muito será pedido, nos ensinou Jesus em Seu Evangelho. A nossa felicidade, portanto, está na oportunidade de servir, condição esta que nos qualifica perante a vida. Não nos apegamos às nossas origens e não nos preocupamos com a nossa destinação. Somos espíritos itinerantes e acolhemos com muita alegria aos chamados de nosso Pai Celestial. Setenta corações, irmanados em família, que buscam servir a todos aqueles que tragam na intimidade o desejo de melhora e se esforcem no preparo para esse mister. Nossa postura é a da simplicidade e nosso respeito é com todas as criaturas. Em nosso grupo, não existe hierarquia. Cada individualidade é um potencial a serviço de todos e cada membro está habilitado para responder por toda a equipe. A condição única e indispensável para participar conosco desse trabalho é apenas estar predisposto a servir em todas as ocasiões, em todas as situações, em todas as frentes de trabalho a que for chamado.

No início, nosso agrupamento era pequeno. Contudo, com o passar do tempo, fomos sendo reunidos com o propósito de aferir os valores que julgávamos conquistados até o momento, em serviço a outros orbes, e, assim, nosso grupo cresceu. Tivemos de travar muitas lutas e enfrentar grandes dificuldades para desempenharmos nossas programações, é claro, mas a cada etapa que conseguíamos superar, realizando nosso aprendizado, novas oportunidades se descortinavam frente a nós, propiciando-nos novas realizações.

O exercício no bem e na vivência efetiva do amor possibilitou que conquistássemos o amor de irmãos que, antes, nos combateram como adversários, mas, hoje, espelham-se em nossos exemplos. Nosso grupo encontra na oração o momento de se interligar à mente do Criador, haurindo novas forças e fortalecimento íntimo.

Jesus cuida de todos nós com muito zelo e, assim como ele, prezamos pela convivência fraterna no carinho, no afeto e no respeito, vendo uns nos outros a fortaleza íntima, sem descuidar, também, da fragilidade que cada um traz em sua intimidade.

Em nossa convivência, sempre desfrutamos da liberdade para tratar naturalmente as questões íntimas, com muito respeito. Em nossas mentes, compreendemos a fragilidade que espreita cada um de nós, exigindo vigilância permanente de todos, e jamais nos sentimos infalíveis, inclusive porque já tivemos exemplos de irmãos que falharam no momento mais confortável da caminhada. A compreensão da luz imortal do Evangelho, código universal que interliga todos os orbes, motiva-nos a trabalhar para o bem da economia do universo.

Nossa compreensão da mediunidade no amor, este maravilhoso recurso, deve-se às enormes oportunidades das quais nos beneficiamos no contato com mentores experientes.

Já atuamos em outros orbes semelhantes à Terra, que hoje são classificados como mundos ditosos, e estamos tendo a felicidade de trabalhar para que nosso planeta azul seja elevado em sua condição evolutiva, alcançando sua merecida classificação de Mundo de Regeneração. O processo de transformação encontra-se nas mãos dos irmãos de boa vontade e, por isso, nossa proposta é despertar nesses corações o desejo de mudanças, fortalecendo-lhes a fé e compartilhando com eles o amor apregoado pelo Mestre.

Outrora, servimos ao chamado do Mestre e antecedemos-Lhe a vinda ao orbe, preparando-lhe os caminhos e aplainando as estradas da incompreensão. De outra vez, ombreamos com o Mestre, testemunhando-Lhe o sacrifício e o amor. Sob Sua inspiração, ofereceremos agora o nosso óbolo junto aos poderes superiores, acompanhando a marcha planetária e fornecendo todos os recursos para que a meta proposta seja atingida.

O Evangelho já é realidade consolidada entre os homens e cabe a eles, agora, apenas se permitirem vivificar as lições desse código universal. Afinal, não existe nada mais puro e singelo do que a lei de "amar a Deus sobre todas as coisas e ao próximo como a ti mesmo", resumida sabiamente por Jesus.

Nossa missão neste limiar de terceiro milênio é bem diferente daquelas que cumprimos anteriormente, pois não mais seremos vistos encarnados na crosta planetária, orientando os peregrinos quanto ao melhor caminho a seguir. Estamos hoje empenhados em trabalhar nos abismos, nas regiões tidas como "infernais", as quais foram criadas pela mente humana imprevidente, fruto das rebeldias, da insensatez e do desequilíbrio. Nas furnas abismais, encontram-se enterrados os "tesouros" do Senhor, criaturas que, com sua inteligência prodigiosa, estão altamente capacitadas a atuar como cocriadoras na construção de mundos. É por meio desses seres que se consolidará a regeneração do planeta.

Por isso, nossa grande meta, da qual não descuidaremos, é despertar esses corações para que voltem a sentir a vida pulsar em toda a sua exuberância, o que é apenas uma questão de tempo. Essas criaturas despertarão e se reapossarão do patrimônio que lhes pertence por direito divino. Voltarão a amar, a sentir, a emocionar-se com o nascimento de uma nova estrela. Acompanharão novamente as órbitas planetárias, reconhecendo em cada ponto luminoso no céu e em cada folha que cair de uma árvore a ação do Pai Criador.

Espíritas comprometidos no bem, despertai-vos para a realidade! Já não é sem tempo o momento de contribuirdes para a obra da regeneração, por meio da revivescência do Cristianismo em sua pureza. Neste momento de lutas, envidamos nossos esforços para que vossas agremiações cristãs abram suas portas para Kardec e para Jesus. Despertem para as responsabilidades que lhes cabem ao receberem a Doutrina dos Espíritos pelas mãos de Cristo, por meio da mediunidade abençoada de muitos anônimos, e das mãos do mestre lionês, o venerável Allan Kardec. A Doutrina é o Consolador Prometido por Jesus, a qual consolida as lições do porvir.

Atendamos aos apelos de Jesus, fazendo-nos servidores fiéis de Sua causa.

Sabemos que, para muitos, poderemos ser considerados espíritos superiores; para outros, seremos considerados criações mentais de mentes desequilibradas; para os racionalistas, não passaremos de ficção. Entretanto, aqueles que verdadeiramente amam encontrarão em nossa convivência o estímulo para que continuem no caminho do amor, o qual amplia a consciência cósmica.

Muito já realizamos e muito ainda realizaremos em benefício de outros corações. Se partirdes da Terra ainda hoje e puderdes estar nas moradas espirituais superiores, não vos admirai ao lhes encontrarem vazias dos afetos de outrora, porque estamos em trabalho no fundo do pântano, no qual existem lindos lírios de muito valor para toda a criação universal.

Irmãos, estaremos ao vosso lado, trabalhando, orando e alegrando-nos com cada vitória conquistada. A oportunidade presente é vossa, que sois mais uma vez convocados a servir.

Portanto, avante trabalhadores da última hora!

De vossos orbes de origem, corações que lhes amam acenam e lhes aguardam o retorno breve.

Que nosso Senhor Jesus Cristo nos abençoe.

Ave, Cristo!

Os Setenta

14

"Enquanto um sofrer, todos sofrerão..."

Queridos amigos, queremos, nesta oportunidade, trazer a vocês nossas experiências, pois elas fazem parte de nosso processo de aprendizagem, de evolução, em que tivemos oportunidade de vivenciar o amor e a simplicidade, sendo, assim, de imenso valor para nós.

Acreditamos que, com essa iniciativa, os apontamentos do que foi sentido e vivido por nós passarão a fazer parte também de suas experiências.

Desejamos, dessa forma, ofertar a vocês instrumentos de reflexão que lhes proporcionem oportunidades de aumentar suas perspectivas espirituais e suas fronteiras, conscientizando-se da universalidade da criação.

Façam bom proveito!

******

Nosso orbe se chama Anturus, o qual, com sua natureza privilegiada, encontra-se incrustado no coração da constelação de Órion, tendo como estrelas a lhe orientar as noites Bellatrix e Betelguese[1].

1 Além de nomes e coordenadas relativas aos orbes, lembramos aqui a orientação de Kardec no item 296 de *O livro dos médiuns*, que alerta os espíritas a se aterem preponderantemente às questões morais trazidas por relatos dessa natureza, tal como expresso na resposta à questão "a" do item supracitado. Quanto ao nome, devemos lembrar que muitos planetas recebem a denominação, por parte dos cientistas da Terra, pautada em códigos alfanuméricos, não em nomes próprios. Ademais, como nos lembra a resposta à 32ª pergunta, ainda referente ao item 296 de *O livro dos médiuns*, "[...] não julgueis

Vivíamos uma vida de simplicidade no campo, em contato com a natureza, estuante em pequenas e sinceras alegrias, buscando a oportunidade de construir afetos em nossas relações.

Ao findar de cada dia, após as fadigas naturais do trabalho edificante, reuníamo-nos em família para permutar nossas experiências vivenciadas até aquele momento de refazimento espiritual.

Juntos, orávamos a Deus, o Pai Criador de infinito poder e bondade, agradecendo as bênçãos daquele dia e ofertando as alegrias de existirmos, de estarmos ali e de nos amarmos profundamente. A certeza da presença de Deus e da ação da providência divina em nossas vidas sempre foi constante em nosso grupo familiar.

Após as orações, alimentávamo-nos juntos, pois, em nossa comunidade, tudo era coletivizado, inclusive o alimento. Nossos lares eram construídos com o esforço de toda a comunidade, mesmo de nossas crianças, que participavam com muita alegria dessas ocasiões, cuidando umas das outras, por entenderem, desde cedo, que os mais experientes deveriam cuidar dos irmãos menores.

Viver em um ambiente comungando as benesses do Criador nos fazia, a cada dia, mais felizes e mais amantes da natureza e de tudo o que o Criador nos oferece.

Nossas habitações eram, e ainda são, *sui generis*, assemelhando-se às pirâmides do antigo Egito, guardando-se as devidas proporções. Essa forma arquitetônica tem a finalidade de armazenar as energias oriundas dos cosmos, de forma que, ali, tenhamos, à nossa disposição, recursos energéticos valiosos. Afinal, o trato com as energias sublimadas faz parte de nossas conquistas.

Naquele ambiente tranquilo e acolhedor, tínhamos a nossa maior virtude expressada: o amor às criaturas, que nos tornava irmãos

absolutamente impossível obterdes, sobre os outros mundos, alguns esclarecimentos. Os bons espíritos se comprazem mesmo em descrever-vos os que eles habitam, como ensino tendente a vos melhorar, induzindo-vos a seguir o caminho que vos conduzirá a esses mundos. É um meio de vos fixarem as ideias sobre o futuro e não vos deixarem na incerteza".

leais com a certeza de sermos filhos do mesmo Pai. Concretizávamos, assim, nossas vivências, por meio da manifestação da afetividade que norteava nossas relações, pois, ali, a alegria de um era a alegria de todos e cuidávamos dos filhos uns dos outros como se fossem nossos próprios filhos.

Tínhamos elevado índice de longevidade e baixa taxa de mortalidade, sendo nossa média de vida de aproximadamente 140 anos, os quais transcorriam em plena harmonia física, psíquica e espiritual. A morte, para nós, era vista com naturalidade, e o processo de desencarnação era tido como oportunidade de crescimento, por meio do qual, na erraticidade daquele mundo, lançávamo-nos a novas experiências.

Não tínhamos problemas de saúde, pois nossas relações alegres e espiritualizadas, bem como o poder de oração e o exercício constante no bem, ofereciam-nos os anticorpos necessários para a nossa saúde integral, possibilitando-nos uma vida harmônica e próspera em seu sentido mais amplo. Em nossas reuniões singelas, tínhamos a oportunidade de exercer a mediunidade de maneira muito natural e espontânea e, naquelas oportunidades, conseguíamos realizar grandes experiências e apontamentos, ensinamentos e orientações relativos às nossas existências e às nossas necessidades espirituais.

Orando em grupo, tornávamo-nos cada vez mais harmoniosos e solidários, e as discussões em torno de temas relacionados ao nosso desenvolvimento espiritual nos tornavam mais fraternos.

Nossa vida era preenchida, ainda, por trabalho, repouso e lazeres artísticos, estes últimos que a todos envolvia, facilitando o desenvolvimento de nossos sentimentos e emoções.

Acima de tudo, a simplicidade era a nossa maior virtude.

Como nos faz bem relembrar aqueles momentos gravados em nossa memória espiritual!

Nossa comunidade era cuidada por um conselho de doze anciões, destacando-se, entre eles, nosso tutor espiritual Calebe, que, com abnegação, auxiliou na formação de muitos companheiros de trabalho. Nossa comunicação se fazia pelo magnetismo de nosso olhar e pela vibração de nossos sentimentos.

Quem nos olha, ainda hoje, desvenda o nosso amor por todos.

Por isso, em nossa comunidade, enquanto um sofrer, todos sofrerão, até que se encaminhe a solução do problema que aflige ao outro.

Sarah

15

Três frentes

Ao nos reunirmos com esse agrupamento de labores mediúnicos, temos a oportunidade de resgatar, em nossa memória espiritual, as emoções mais autênticas de alegria que já tivemos a satisfação de experimentar. Queremos compartilhar nossas experiências com os companheiros encarnados e também com os corações queridos domiciliados na erraticidade terrena.

Assim como está acontecendo agora no planeta Terra, também participamos da trajetória de progresso de outros mundos e, por termos experimentado muitas dificuldades, sabemos das lutas que muitos irmãos têm travado para libertar esse orbe. O momento de transformação é chegado e não podemos negligenciá-lo. Por isso, devemos, em parceria, superar as dificuldades que o trabalho naturalmente apresenta, a fim de que os objetivos sejam alcançados, resultando em proveito para todos.

Há muito, buscamos habilitar grupos de trabalho que se prontifiquem a trazer à tona a temática que propomos, mas sempre encontramos dificuldades. Muitos companheiros encarnados não conseguem aceitar, no campo mental e de forma contextualizada, a ideia da pluralidade dos mundos habitados, embora esta seja claramente definida pelos espíritos, na Codificação, como um princípio elementar, fundamental da Doutrina dos Espíritos. O codificador estudou esse assunto em profundidade, contando com a colaboração de seu contemporâneo Camille Flammarion.

Jesus não deixa dúvidas acerca dessa realidade espiritual ao nos afirmar: "Na casa de meu Pai há muitas moradas, se não fosse assim, eu vo-lo teria dito, vou preparar-vos lugar."[1]. Disse mais quando informou: "Tenho outras ovelhas que não são desse aprisco"[2].

Dessa forma, por que muitos de nossos irmãos têm tanta dificuldade em meditar em torno dessa realidade? Uma explicação para isso é que, ao nos conscientizarmos da existência de vidas em outros mundos, somos colocados frente a frente com as nossas experiências evolutivas e, inconscientemente, buscamos em nosso arquivo mental a lembrança de que, por nossa vontade, não nos fizemos merecedores de permanecer nesses mundos, hoje ditosos para nós, e de ali continuarmos a nossa marcha evolutiva a caminho da luz. Para grande número de irmãos, esse degredo representou grande humilhação e sofrimento, e eles se colocaram, então, em atitude mental de rebeldia, passando a se considerar seres à parte da criação. Ainda hoje, seu choro e sua revolta podem ser percebidos por meio dos atos de violência que praticam contra a humanidade e contra si mesmos.

Muitos desses irmãos são criaturas portadoras de grandes experiências e que desenvolveram, ao longo dos milênios, grande sensibilidade, tendo a oportunidade de realizar feitos que beneficiaram seus mundos. Infelizmente, ao caírem na cilada das forças magnéticas do mal e da perversidade, justamente por sua sensibilidade, foram movidos pela culpa de terem errado na senda evolutiva e acreditaram que seus erros não teriam remissão. Dessa forma, esses espíritos ainda não conseguiram compreender que somente o amor pode transformar as criaturas.

Muitos espíritos, lúcidos e conscientes, optaram pela trajetória do bem, alcançando a oportunidade de estagiar em mundos mais

---

1 João 14:21
2 João 10:16.

felizes. Outros, entretanto, não estando aptos espiritualmente, tiveram de ser exilados em mundos primitivos, para ali obterem a oportunidade de se encaminhar para o Criador. Muitos dos que foram exilados na Terra contribuíram, no seio de raças primitivas, para a construção de um mundo novo, que agora é convidado à sua maioridade.

Outros grupos de exilados compreenderam a necessidade da prova, já tendo retornado para seus orbes de origem. Hoje, no entanto, vêm auxiliar os companheiros recalcitrantes.

Relataremos, aqui, nossas vivências por meio de ensaios, que viabilizaremos pela mediunidade.

Nossa programação de trabalhos com esses espíritos vem de Jesus e de João Evangelista, Seu discípulo muito amado. Colocamo-nos, também, como servidores do grupo espiritual de Maria, mãe de Jesus e nossa mãe amada. Para a realização desse trabalho, três frentes se nos descortinam. Primeiramente, temos as atividades de atendimentos espirituais, levadas a efeito em regiões abismais, com resgates, das trevas, de lideranças de companheiros vinculados aos nossos corações. A segunda frente de atividades é a manutenção do hospital nas esferas espirituais, para onde são encaminhados nossos irmãos resgatados das regiões de sofrimentos. (Inicialmente, esse hospital está programado para recuperação perispiritual, mas, futuramente, asilará outras especialidades.) A terceira frente à qual nosso grupo está relacionado para servir refere-se aos relatos de experiências, aos quais chamaremos catarse, com vistas a atender as necessidades dos companheiros resgatados dos ambientes onde imperam o magnetismo da perversidade e do mal. Nessa circunstância, os irmãos são convocados pelo Senhor a participarem ativamente do processo de consolidação, o qual categorizará a Terra como planeta de regeneração.

Com a tutela do mundo maior, propomo-nos a colaborar com o saneamento da crosta planetária por meio da limpeza da psicosfera terrena. Resgatando nossos companheiros acumpliciados com o mal, estamos favorecendo a maioridade do planeta. Para isso, estamos determinados a ir ao encontro desses irmãos, nossos filhos do coração, retirando-lhes as vendas do egoísmo, do orgulho, as quais lhe tornam infelizes. É com alegria e amor no coração que iniciamos o processo de descida aos abismos, ao encontro desses companheiros e também de outros, que sofrem suas influências. É assim que Jesus também age em relação a todos nós.

Com muita fé no poder do Criador, chegaremos ao coração e à base de um gigantesco *iceberg*, do qual, até agora, apenas visualizamos a ponta.

Todos nós precisamos nos empenhar para devolver o planeta saneado a seus verdadeiros donos, os homens da Terra, os espíritos que iniciaram sua jornada conscientes para Deus por meio do pensamento contínuo nesse abençoado orbe.

Estamos felizes por contar com a participação desse grupo, que nos oferece uma fresta para que possamos trabalhar, conviver e aprender uns com os outros. Por meio dessa fresta pela qual entramos, temos a certeza de que Jesus fará abrir toda a porta, dando a nós a oportunidade de crescimento espiritual.

Obrigado por nos oferecerem o canal para o tentame.

Os Setenta

16

Provas de amor

Queridos amigos, muitos companheiros nos veem como espíritos venturosos, sem perceber que, na verdade, estamos apenas alguns passos à frente, em relação aos irmãos, em nossa marcha evolutiva. Estamos inseridos na programação divina, que tem por meta trabalhar pela melhoria moral da Terra, e, por nossas experiências, somos impelidos a atuar nessa hora.

A seguir, apresento um relato de minhas experiências para mostrar a vocês, meus companheiros, que nós, espíritos superiores, passamos também por experiências difíceis, mas que são úteis para nosso crescimento espiritual. Por meio dessas vivências, tivemos a possibilidade de crescer, recebendo do Criador novas oportunidades de trabalho, com o objetivo de auxiliar outras criaturas que passam por dificuldades semelhantes.

******

Irmãos, quando abrimos mão da vigilância e adotamos comportamentos imprevisíveis, nosso espírito pode enfermar-se. Foi o que aconteceu comigo há alguns milênios. Minha vida caminhava com tranquilidade e sentia-me feliz. Aos poucos, sem que pudesse perceber, comecei a registrar, no campo mental, insistentes apelos de ordem inferior, os quais tentavam julgar aquela existência sem sentido, sem uma finalidade de ordem superior.

A intensidade daquelas emissões mentais encontrou ressonância em minha intimidade. Infelizmente, não partilhei com ninguém aquele momento, o que fez com que minha mente passasse a trabalhar em circuito fechado com espíritos enfermos. Muito imatura naquela época remota, fui deixando-me levar por esses apelos, assumindo comportamentos inesperados para minhas características pessoais.

Os companheiros que conviviam comigo percebiam minhas mudanças de comportamento e chamavam-me a atenção. Contudo, eu me negava a ouvir-lhes as alertivas, pois, com toda a sinceridade, não percebia nada de anormal em mim.

Com o decorrer do tempo, minhas atitudes começaram a prejudicar aqueles companheiros, pois a intriga e a calúnia passaram a fazer parte de minhas ações. Por meio de meu verbo, lancei os germes da discórdia em lares que tinham a paz, provocando a queda de companheiros que, humilhados, lançaram-se em desespero a situações aviltantes e degradantes.

Pouco a pouco, fui perdendo o contato com a realidade, adentrando em um mundo novo, de revolta, totalmente dominada por forças degradantes. Fui de queda em queda complicando a minha existência, até que, por misericórdia divina, fui retirada, por meio da desencarnação, daquele cenário de delinquência.

A partir daí, passei a domiciliar na erraticidade de um orbe longínquo e em era antiquíssima, muito antes das experiências felizes que alcancei nos orbes de Capela.

No plano espiritual em que me situei, experimentei dias de muita dor e lágrimas, pois aquela experiência reduzira-me a vida em todos os sentidos. Não conseguia compreender o que se passava comigo e não tinha consciência da extensão de minhas dificuldades. Ali, naquela região, perambulei por longos e tristes anos.

Em certa ocasião, senti um vazio dentro de mim e experimentei uma dor enorme, que provocava reações de variada natureza.

Naquele abalo e sentindo-me fragilizada, pela primeira vez, depois de longos anos, consegui chorar, lembrando-me do lar paterno e das lições de amor ali recebidas. Então, arrojei-me ao chão e orei ao Criador, confessando a Ele as minhas dores e dificuldades.

Foi então que divisei um vulto luminoso vindo em minha direção, o qual cegava-me as retinas e, ao mesmo tempo, acelerava meus batimentos cardíacos. À medida que o vulto se aproximava, sentia mais e mais a intensidade de seu magnetismo. Calafrios corriam-me por todo o corpo e passei a ter convulsões, sendo atirada ao solo e debatendo-me inutilmente.

Quando a crise findou, uma mão suave pousou em meus ombros e uma voz terna e afetuosa sussurrou-me aos ouvidos: "Filha, onde está a sua crença no Criador? Onde está o seu tesouro?". Não consegui responder àqueles questionamentos nem abrir os olhos.

Senti que daquele ser partia uma energia curadora em direção à minha alma, a reconstituir-me as energias. Depois de certo tempo, consegui abrir os olhos e os pousei, pela primeira vez, naqueles olhos amenos e sinceros que se dirigiam a mim.

Quando aqueles olhos serenos pousaram sobre os meus, tive a certeza de que ele desnudava-me a intimidade. Aquele olhar era de amor. Assim, não me senti envergonhada de estar sendo vista em meus complexos emocional e espiritual, ao contrário, o magnetismo irradiado por aquele ser foi bálsamo para o meu coração. Ele via em mim, com a clareza de seu discernimento fraternal, o espírito falido e enfermo que eu era. Aquele momento ficou para sempre em minha memória espiritual.

Estava perdida e encontrava-me novamente. Não conseguia perceber o hiato que existia patente ali. De um lado, uma menina amorosa e cheia de esperanças para o seu povo, em uma era remota. De outro, uma mulher perversa, com o coração cheio de ódio, naquele momento presente. Tentei argumentar com aquele cireneu sobre a minha situação, mas fui orientada a fazer silêncio, aguardando o momento oportuno para as elucidações.

Aquele que me tocara a alma era Arthur, o grande companheiro a quem muito devo. Amo-o, respeito-o e admiro-o por sua bondade. Recolheu-me generosamente sob seus cuidados pessoais, tratando-me com carinho as feridas.

Arthur dirigia um hospital de extensa dimensão, situado na erraticidade de Anturus, destinado a recuperar vítimas de processos de hipnose, os quais eram acompanhados de consequente suspensão de livre arbítrio.

Com abnegação e cuidado, Arthur respeitava os companheiros vitimados por esse mal, tratando-os e restituindo-lhes à plena liberdade de pensar, capacidade esta concedida pelo Criador para a expressão de Suas criaturas.

Tive muitas oportunidades de crescimento a partir desse primeiro encontro com Arthur e compreendi que, por meio do trabalho em favor do próximo, é que caminhamos com mais segurança.

Queridos companheiros, essa dissertação teve por objetivo mostrar a vocês as lutas que empreendemos para vencer a nós mesmos. Ao mesmo tempo, buscamos incentivá-los na definição de ideais superiores.

Acreditem, irmãos, que é possível transformar a si mesmo, se romperem com processos de inferioridade e descortinarem novos horizontes.

Sarah

17
Guia e modelo

Qual o tipo mais perfeito que Deus tem oferecido ao homem, para lhes servir de guia e modelo?

Resposta: Jesus. Para o homem, Jesus constitui o tipo da perfeição moral a que a humanidade pode aspirar na Terra. Deus no-Lo oferece como o mais perfeito modelo, e a Doutrina que ensinou é a expressão mais pura da lei do Senhor, porque, sendo Ele o mais puro de quantos têm aparecido na Terra, o espírito divino o animava. Quanto aos que, pretendendo instruir o homem na lei de Deus, o têm transviado, ensinando-lhe falsos princípios, isso aconteceu por haver deixado que o dominasse sentimentos demasiado terrenos, e por ter confundido as leis que regulam as condições da vida da alma com as que regem a vida do corpo. Muitos hão apresentado como leis divinas simples leis humanas, estatuídas para servir às paixões e dominar os homens.

KARDEC, Allan. *O livro dos espíritos*, questão 625.

A primeira obra fundamental da Doutrina Espírita, codificada por Allan Kardec, sinaliza-nos que Jesus é o mais perfeito guia e modelo oferecido ao homem. O Mestre foi puro e sem máculas e, assim, evoluiu retilíneo em Sua caminhada, sem cair nas distrações do caminho, mantendo-Se firme diante da proposta divina que deveria realizar.

Nós, espíritos criados à semelhança do Pai, também já fomos puros em nossas origens e guardamos a centelha da criação em nossa intimidade. Entretanto, em muitos momentos de dificuldades, não conseguimos evoluir em uma trajetória retilínea, tal como Jesus, devido ao reflexo de quedas anteriores que vêm à tona e porque, muitas vezes, não soubemos utilizar corretamente o nosso livre arbítrio, que, mais tarde, reconheceremos como o maior exemplo da confiança e do amor do Pai em relação a nós.

Fugimos das responsabilidades e nos desviamos dos propósitos divinos em nosso favor, deixando-nos envolver pelas distrações do caminho. Esse fato ocorre com mais intensidade e frequência por nos faltar o esforço sincero em buscar a compreensão, a aceitação e o desejo de servir em nome do Pai, compreendendo a proposta divina inserida em nossa trajetória evolutiva, com a finalidade de superarmos as nossas próprias dificuldades. O próprio Cristo, nos legou, no Evangelho, referências para lidar com esses momentos, quando nos distraímos ou nos desconcentramos porque oscilamos no entendimento quanto ao objetivo da caminhada evolutiva.

Sabemos que o crescimento é gradativo e, à medida que caminharmos, iremos amadurecer e ampliar o nosso potencial de trabalho. Contudo, para isso se efetivar, precisamos desejar a melhoria íntima a todo instante.

Visto que muitos irmãos já possuem essa vontade de melhorar, agora, gostaríamos de trazer à tona algumas considerações sobre a capacidade de concentrar-se, pois percebemos que esta tem sido alvo de preocupação de vários companheiros.

Concentrar-se não é somente uma técnica, uma metodologia, mas exige também uma predisposição íntima para servir, ser útil e buscar a serenidade interior.

Concentrar-se é ter objetivos bem definidos, seguindo o modelo de Jesus, que, em nenhum momento, perdeu-se pelo caminho.

Concentrar-se é elevar o pensamento em sintonia com propostas superiores. Lembremo-nos de Jesus, que, em vários momentos, buscou o Pai, rogando-Lhe forças.

Concentrar-se é buscar constantemente a compreensão do propósito divino em nossas vidas, tentando fazer o melhor onde, como, quando e com quem estivermos. Jesus, nosso guia maior, independentemente de onde era chamado, mantinha-se sempre com a postura de trabalhador incansável, comprometido e em dedicação incessante.

Concentrar-se é desejar ser útil, é buscar a compreensão do amor.

Concentrar-se é valorizar a vida e a chance de reencontro com todos que jornadeiam conosco pelo caminho.

Dessa forma, amigos, para alcançar a melhor concentração, é preciso alimentar a certeza do objetivo da vida terrena. Que Jesus nos guarde hoje e sempre!

Paz e alegria.

Calebe

18

Momentos de bençãos

Nesse instante, o médium sente forte emoção e capta um movimento suave em seu campo íntimo, acompanhado de um sentimento de amor. Os amigos espirituais pedem que ele não tente identificar o nome do espírito que vai se comunicar, porque isso poderá prejudicá-lo na sintonia desse momento. Contudo, solicitam ao médium oração sentida, com objetividade e, ao mesmo tempo, sentimentos sublimados.

******

Imensa é a nossa felicidade por estarmos compartilhando esse momento de bênçãos com os irmãos. Glória a Deus nas alturas, paz na Terra e boa vontade entre os homens.

Irmãos, nesta hora planetária, a humanidade terrena clama por paz. Neste momento, em que nos encontramos assustados, inseguros com relação ao futuro da humanidade, devemos elevar o nosso pensamento ao Criador e fazer nosso inventário moral, averiguando, em nosso mundo íntimo, como temos trabalhado para conquistar essa tão almejada paz.

A misericórdia do Pai sempre se fez presente em todos os momentos da humanidade, sendo que muitos dos enviados à Terra fizeram o sacrifício da própria vida para trazer a mensagem imorredoura do amor e da paz.

O grande exemplo, Jesus, Guia e Modelo da humanidade, aqui esteve para reformular conceitos e trazer novas reflexões, descerrando-nos a lei de amor universal, com a exemplificação e o sacrifício da própria vida.

Dois mil anos se passaram e muitos de nós ainda não compreendemos a verdadeira alegria do amor.

Hoje, porém, temos a felicidade de nos reencontrar com corações que se ligam a nós desde os tempos milenares de nossas origens. Muitos desses irmãos estão apartados de nossa comunidade, de nossa família espiritual, há milênios. Contudo, em nosso pensamento e em nosso coração, jamais nos esquecemos dos queridos companheiros, vínculos queridos de nossos corações.

Sempre buscamos compreender a justiça divina, as leis que regem o universo. Por isso, muitas vezes nos perguntamos por que os companheiros optaram por uma caminhada tão cheia de conflitos e de dores, principalmente aqueles que pertenciam à nossa comunidade e que, assim como todos nós, tiveram a oportunidade de, em Eras priscas remotas, conhecerem a mensagem imorredoura do Cristo, este peregrino que há milênios e milênios visita as moradas infinitas de Deus, exemplificando o amor de nosso Pai.

É chegado o momento, no entanto, de esses irmãos receberem de nós os votos sinceros de confiança e nosso apoio para que tenham forças para valorizar essa nova oportunidade de crescimento espiritual oferecida pela misericórdia divina. O futuro que vos aguarda é o da libertação espiritual. Então, esforcem-se para que possam retornar aos lares distantes, com as mesmas alegrias, e possam continuar as vossas caminhadas de forma redimida.

É preciso desobstruir as vossas mentes para que a misericórdia divina possa atuar, facilitando esse processo de libertação, e recuperar o tempo perdido. O que é o tempo terreno diante da realidade do espírito? Vós, que já podeis compreender a vida espiritual, aceitando-a e refletindo sobre as leis que regem as relações entre os mundos, imaginem a felicidade ao poder retornar às suas origens, desvinculados de um passado de dificuldades, de lutas e de muitas quedas. Somos seres originários de uma mesma fonte, pois saímos das mãos do mesmo Criador, em igualdade de condições. O Pai nos criou para a luz e, por isso, a treva que insistimos em manter em nossos corações é ilusória.

Irmãos, é necessário que vocês aprendam a trabalhar as perdas. Sabemos que se sentiram prejudicados quando não puderam conviver mais em nossas comunidades, nos orbes em que estagiamos e, de lá para cá, a vida de vocês acumulou perdas em seguidas oportunidades, o que gerou apego às coisas, às pessoas, às posições e aos sentimentos, criando vinculações difíceis de serem destituídas.

É chegado o momento de fazer o caminho inverso, desvinculando-se desses apegos, para poderem se reapossar dos patrimônios que são vossos. O patrimônio é o sinal da evolução alcançada, do progresso realizado, pois, muitas vezes, quando nos encontrávamos em lágrimas de sofrimento nos açoites de irmãos vinculados à perversidade, também aí burilávamos os nossos espíritos para que um dia pudéssemos nos libertar.

É preciso que fortaleçam o sentimento de conquista em vossos corações e se libertem o máximo possível dos apelos da matéria densa. Afinal, o que são os objetos? O que são os bens materiais comparados à imortalidade da alma?

Muitas vezes vocês se encontram cansados e oprimidos, sem esperanças, apegando-se a questões tão pequenas, tão insignificantes, que trazem o infortúnio, apenas para deixarem atrás um mundo de conquistas, um mundo de paz, um mundo de harmonia, fruto do esforço de todos nós.

Pois é preciso retomar o caminho para o lar paterno, onde nosso Pai nos aguarda com muita alegria e atenta expectativa.

Todos vocês, queridos irmãos, têm recebido propostas, apelos, e têm se alimentado desses ideais nobres. Por isso, fortaleçam-se. O trabalho de resgate desses corações queridos de nossa família espiritual é de todos nós, encarnados e desencarnados.

Não poderíamos nos encontrar naqueles mundos maravilhosos, nimbados de luz, sabendo que corações amados se encontram em lares de sofrimentos, pois isso seria incoerência, desamor de nossa parte. Então, tornamo-nos peregrinos do universo, em busca do resgate desses irmãos que ainda sofrem em orbes primitivos. Hoje, estamos atuando na amada Terra; amanhã podemos ser convocados pelo Criador a trabalhar em outros sistemas planetários.

Convidamos os irmãos a se libertarem por meio desse esforço, em um exercício para retornar aos vossos lares distantes e fazer vossa opção de trabalhar pelo bem de todos, a serviço do Criador e de Jesus, nosso Mestre e Senhor.

É com alegria em nossos corações que vemos os irmãos se colocarem em uma postura íntima definida, em um novo ciclo de trabalho, de aprendizado e, consequentemente, de libertação.

Não podemos prometer facilidades, mas sim a nossa convivência fraterna, o "amai-vos uns aos outros", condição na qual nos colocamos.

Podemos aliviar as vossas consciências e rogar ao Pai que congele débitos do passado para que, assim, os irmãos possam nutrir novas forças, novas energias, novos recursos. Aproveitai, portanto, esse momento de pausa. Enquanto muitos estiverem nos desvarios, na opulência e nos exageros, voltai em prece para as vossas intimidades, em postura firme e sincera de trabalhador do Senhor.

Trabalhadores da última hora? Pouco importa. Trabalhadores sim, valorosos à medida que se disponham a agir pelo bem da economia universal.

Irmãos, recebam o nosso abraço fraternal, o nosso carinho, o nosso afago, o nosso respeito e nos queiram na conta de companheiros que muito os amam e que têm por vocês um carinho muito especial.

Ajudem outros companheiros a terem postura idêntica às suas.

Nos momentos das dúvidas, do testemunho, calem-se e entreguem seus corações em renúncia.

Jesus há de compensar vocês assim como tem nos compensado, pois quanto mais servirmos ao Cristo, mais paz temos em nosso espírito e mais amor temos por todas as criaturas.

Que Jesus nos guarde, nos abençoe e nos proporcione a alegria de servir.

Agradecemos em nome do grupo que tem trabalhado com vocês e que, a cada dia, se sente mais e mais feliz com a atenção dos irmãos e a convivência com eles.

Que o coração misericordioso de Maria, nossa mãe de puro amor, seja sempre por nós, pois esse coração bom e generoso há muito tem sustentado nossas iniciativas e intercedido, junto a seu filho amoroso, em benefício de todos.

Pai de infinito amor e bondade, Jesus, Mestre querido, neste momento, elevo meu coração para agradecê-Lo a oportunidade que nos concedeste de trabalhar em benefício de nossos irmãos.

Pai, obrigado por nos permitir ir aos abismos de dor e resgatar os corações queridos, que, por invigilância, entregaram-se a sintonias infelizes e à hipnose profunda, juntando-se a outros corações em desespero. A esses vínculos queridos, neste momento, dedicamos nossa vida. Esses irmãos por longo tempo se ausentaram de nossa convivência, para desse vale de lágrimas retomar o caminho da Casa Paterna, não tendo compreendido, ainda, que somente através do amor se pode ser feliz.

Pai, pastor de nossas almas, que a Sua luz divina envolva todos esses corações atendidos e domiciliados nessa abençoada casa de amor, albergados nesse hospital que edificamos com a Sua proteção e com a interferência de Sua mão em benefício de todos.

Que esses companheiros possam registrar, neste momento, as Suas vibrações de paz e que, ao contato com essas energias, venham a se sentir fortalecidos em seus espíritos, de forma que possam se restabelecer em breve.

Mestre que tanto amamos, ilumine os trabalhadores encarnados que vêm vencendo as próprias dificuldades e limitações e se oferecem, como são, para este trabalho que é de todos nós.

Dê a cada coração, Senhor Jesus, o bálsamo, o refrigério da alma. Que todos sintam, a cada dia, a felicidade do dever bem cumprido.

Conceda-nos novas oportunidades, pois o trabalho apenas se inicia e ainda há muito ainda o que fazer.

Mestre, nesta hora de alegria e de reflexão profunda, pedimos que aumente a nossa fé, que amplie o nosso entendimento para que, vencendo a nós mesmos, possamos ajudar aos nossos companheiros na retaguarda.

Que a Sua luz e o Seu amor nos envolvam como tem acontecido nesses milênios sem fim.

Como é bom, Senhor, seguir as Suas pegadas! Como é bom, Mestre, viver o Seu Evangelho no dia a dia! Nós, que já tivemos a felicidade de conhecer as Suas lições imorredouras, também já estivemos em nossos vales de lágrimas, em nossas experiências mais amargas. Mas o Senhor nos concedeste outros companheiros a nos estenderem as mãos e a nos promoverem a Seus filhos do coração. O que fazemos hoje é o que aprendemos no passado contigo, Senhor.

Abençoa-nos, Jesus! Abençoa-nos, Mestre.

Hoje e sempre.

Que assim seja!

19

Mensagem aos médiuns

No atual momento pelo qual passa a humanidade, percebemos uma necessidade dos médiuns ostensivos de compartilharem suas experiências uns com os outros. Isso se assemelha ao que já é feito nas reuniões de dirigentes, iniciativa muito feliz, por sinal, que cumpre a função primordial de garantir a segurança do trabalho, a coerência, a transparência e a homogeneidade naquele ambiente de troca com os amigos espirituais, sanando-se dúvidas e ampliando o campo mental para outras questões.

É importante que aconteça com os médiuns esse mesmo procedimento, com a coordenação atenta dos dirigentes. Dessa forma, devem ser feitas reuniões periódicas e programadas, em que os médiuns possam conversar e expor suas experiências, fazer questionamentos, de forma que os menos experientes se voltem aos mais experientes para, assim, haurir novos recursos, novos aprendizados, esclarecendo dúvidas e identificando seus anseios, que são muitos.

Em muitas ocasiões, irmãos e irmãs, os médiuns desejam servir, mas se encontram perdidos e julgam-se incapacitados. Às vezes por insegurança, o médium não expõe suas dúvidas, pois se encontra em dificuldades no campo da inveja, do ciúme e do melindre. Sente-se inferior, tem conflitos no âmbito da autoestima e, por isso, produz pouco. No entanto, em alguns casos, mesmo nos momentos em que se abre um espaço para que o médium apresente seus anseios e suas dúvidas, talvez por falta de hábito, ele acaba se omitindo.

Irmãos, o trabalho com a espiritualidade superior não pode ser uma via de mão única. Por isso, devemos abrir nosso coração para esse trabalho, o qual só conseguiremos realizar com êxito se estivermos bem engajados e conversarmos uns com os outros. Ilhados, não chegaremos a lugar nenhum, a não ser a frustrações grandes que poderão nos comprometer e gerar quedas desastrosas e desnecessárias.

É oportuno, portanto, que se promovam esses diálogos entre os médiuns, pois, por ser este momento pelo qual passamos uma oportunidade de aprendizado, a cada encontro com a espiritualidade, o volume de informações é triplicado e, muitas vezes, não temos condições de absorver tantas orientações. Assim, nessas reuniões, podem ser trazidas à tona questões inerentes à mediunidade, área de trabalho que está ainda envolta em muita complexidade, dúvidas e receios nas casas espíritas. Isso se deve, em partes, ao fato de termos ainda muitos preconceitos e nos encontrarmos presos a atavismos, a questões que nos dificultam a caminhada.

É importante fazermos aqui, também, uma consideração: que os médiuns tenham mais curiosidade.

Eu sempre fui muito curiosa nessa área e penso que todos os trabalhadores desse meio devem ser curiosos, de uma forma sadia, pois ser curioso é questionar a espiritualidade de forma pró-ativa no trabalho; é buscar abrir os canais; é ter mais coragem; é ser mais ousado.

Percebo, hoje, que os médiuns se posicionam ainda muito timidamente, passivamente, esperando que os espíritos cheguem até eles e façam todo o trabalho. Neste momento em que tanto se tem falado em parcerias, é preciso rever esse conceito de mediunidade passiva, pois, hoje, o médium que tem a postura de ficar de braços cruzados, esperando que a espiritualidade faça tudo, é visto como equivocado e dificilmente obterá bons resultados.

Atualmente, é preciso que o médium se disponha a trabalhar, apresente-se com o campo mental desobstruído e que se sinta realmente útil, engajado no trabalho com predisposição, desejo de servir, confiança, otimismo e estado mental de completa disponibilidade para a tarefa.

Muitas vezes, o médium tem uma postura negativa em relação às faculdades a ele confiadas. Devemos, assim, nos esforçar para mudar essa cultura e esse pensamento, fazendo com o que o médium possa ter uma nova visão. Afinal, a mediunidade é algo maravilhoso em nossa vida, é um dom que vem de Deus, com uma finalidade sublime, de grande alcance para a humanidade, e, no entanto, não estamos usufruindo desse recurso riquíssimo da melhor forma.

É preciso que realmente nos coloquemos perante a mediunidade "ombro a ombro", como verdadeiros companheiros de trabalho e parceiros do plano espiritual, de forma sincera, honesta e transparente, com sentimentos que brotem realmente do coração, da intimidade do ser.

O médium deve, ainda, preparar-se devidamente, cuidando de seu corpo físico, de sua mente e de seu coração, sem os quais não consegue obter da espiritualidade amiga os recursos para uma caminhada feliz, plena de realizações e de produtividade. Vemos esse grupo, ao qual estamos ligados hoje, com muita disposição, tendo a espiritualidade investido nesses médiuns e aceitado cada companheiro com os recursos, a disponibilidade e a vontade que apresentam de trabalhar. Com muito carinho, todos os membros do grupo têm sido envolvidos nas atividades e estão sendo feitos investimentos nas áreas orgânica, emocional e espiritual para que tenhamos condições de lograr êxito.

O convite de crescimento não é apenas para esse grupo ou para uma única reunião mediúnica, mas sim para todos, de forma que multipliquem seus potenciais e suas condições, sendo exemplos de comprometimento com o mundo espiritual.

Não é mais possível fingirmos que nada está acontecendo, pois esse fingimento equivale a atuar com a mentalidade presa ao mediunismo. O que Jesus espera de nós é uma mediunidade consciente e que estejamos comprometidos e dedicados ao bem.

Desejamos muita alegria e muito amor nesse trabalho.

Prontificamo-nos a estar ao lado de vocês, queridos amigos, e trabalharmos juntos, desde que estejam com o coração aberto para isso.

Desejamos, acima de tudo, muito trabalho.

Que alcancemos, por meio do amor ao semelhante, a libertação de nós mesmos, de nossos vícios, de nossos erros.

Desejamos saúde, paz e muita alegria.

Yvonne A. Pereira[1]

******

Como trabalhadora da mediunidade, tive muitas lições e, hoje, tenho recebido a oportunidade de conviver com grandes mestres, com os quais tenho aprendido muito, de forma crescente e ininterrupta.

Quando me achava nos labores mediúnicos encarnada, o esforço realizado por mim era para servir incondicionalmente, tarefa na qual sempre encontrei muita alegria, embora muitas vezes tenha sentido a pressão do plano inferior, dos inimigos do bem que tentavam me fazer sentir como uma verdadeira obsidiada. Contudo, jamais me descuidei e sempre procurei servir com muita alegria no coração.

1 Yvonne do Amaral Pereira nasceu, em 1900, na antiga Vila de Santa Tereza de Valença, hoje Rio das Flores, no sul do estado do Rio de Janeiro, e desencarnou em 1984. Médium, psicografou diversas obras e colaborou ativamente com o Movimento Espírita por intermédio do suporte a Centros Espíritas.

Convido todos os amigos médiuns a serem mais determinados em suas posturas e ações, a não se preocuparem com as opiniões e a não deixarem que terceiros interfiram em sua produção mediúnica. Tenham confiança em seus dirigentes de reunião e, acima de tudo, tenham uma fé amadurecida em Jesus, pois a produção a Ele pertence e a Ele deve ser destinada.

Jesus nos dá a condição de caminharmos e, feliz seria eu, com todo o aprendizado que estou obtendo no plano espiritual, se pudesse estar na Terra, reencarnada e inserida neste trabalho do Mestre a que vocês estão sendo chamados neste momento.

Irmãos da mediunidade, valorizem as suas ferramentas e as suas potencialidades. Busquem crer, acima de tudo, na força do bem e do amor. Entreguem o coração pleno e exultante de alegria ao médium de Deus, Nosso Senhor Jesus Cristo, nosso irmão, mestre e amigo. Busquem a paz e a alegria de servir, mesmo que tenham de sujar suas mãos descendo a níveis de trabalho e necessidades que jamais imaginaram.

Mesmo se nos sentirmos fatigados, cansados, não devemos desistir nunca, pois somos os trabalhadores braçais e vamos ajudar, com o nosso esforço e com a tutela de Jesus, a limpar este mundo que tivemos como berço e que, infelizmente, enlameamos.

É chegado o momento de levantar as mangas na fonte do trabalho e de limpar o mundo que sujamos para podermos continuar a caminhada de luz. Os companheiros oriundos de mundos onde nós estagiamos, e que estão nos convidando agora para essa tarefa, vêm na condição do amor, na predisposição de servir na sua expressão mais pura: servir no amor aos interesses do Criador.

Nós, porém, nada fazemos de especial, pois estamos apenas cumprindo nossa obrigação. No mundo de hoje, as autoridades, ao se depararem com um adolescente pichando um patrimônio público ou privado, atestam que ele tem, por obrigação, limpar a sujcira fcita.

Também nós estamos buscando limpar a nossa sujeira. A diferença é que o jovem normalmente esbraveja, incomoda-se, pois ainda não entendeu ser essa sua obrigação. Ao contrário desse jovem, nós devemos sentir alegria e gratidão por termos essa oportunidade de limpar nossa própria sujeira, de cumprirmos com nossa obrigação, pois esta é uma chance excepcional para o nosso aprimoramento, para o nosso crescimento e para alcançarmos a paz dentro de nós.

Se ainda amargamos dúvidas e dificuldades nesse trabalho, se ainda vertemos lágrimas, é porque não aprendemos a sentir direito. O momento é agora. Vamos agradecer a Jesus e trabalhar, valorizando este instante, esta oportunidade.

Existem ainda muitos corações que nos aguardam, com uma frestinha de esperança. Embora alguns deles aparentem nos querer com as premissas superiores da vida para atender suas necessidades desarmonizadas, pensando em nos envolver em seus desequilíbrios, no fundo, o que eles desejam mesmo, sem que o saibam de forma clara, é sentir o nosso carinho, o nosso afeto, o nosso amor.

Que Jesus nos guarde!

Tiana[2]

---

2 Tiana, também chamada de Sebastiana Zálio, é uma missionária anônima da mediunidade, que serviu à espiritualidade superior quando encarnada estando vinculada ao grupo Emmanuel, de Belo Horizonte.

20

João Evangelista, o discípulo do amor

Meus filhinhos, não amemos de palavras, nem de línguas, mas por obra e em verdade.

I João 3:18.

João Evangelista, o discípulo amado de Jesus, em suas experiências junto ao Grupo dos Doze, ofertou ao Mestre provas de amor incondicional, sem reservas, e enxergava em Sua mensagem e em Seu exemplo o roteiro seguro para as realizações de seu espírito sedento de amor.

Entre os homens, viveu longos anos, servindo sempre aos seus semelhantes, sendo reverenciado nas tradições do mundo espiritual como o discípulo do amor.

De João Evangelista temos recebido os maiores exemplos de amor no trabalho junto ao próximo, pois seu coração amoroso encontra-se vinculado ao coração de Maria, a mãe de Jesus, que intercede junto aos divinos poderes em favor dos espíritos que necessitam de novas oportunidades.

Possuidor de conhecimentos muito amplos sobre os poderes da mente, é um discípulo dedicado a Jesus, sendo simples no relacionamento, sempre disposto a servir aos semelhantes, principalmente aqueles considerados como escórias do mundo. Tem assumido, junto ao Cristo, o compromisso de trabalhar incondicionalmente por vários orbes em processo de regeneração.

Seu trabalho se desenvolve em regiões abismais de difícil acesso, que abrigam companheiros com distúrbios mentais alucinatórios, os quais se constituem em quadros de epidemia em vários mundos.

Com essa permissão de trabalho a ele conferido pela Misericórdia Divina, João ama a todos e vibra para que a libertação espiritual dos portadores desse mal se faça o mais rapidamente possível. O discípulo do amor atua nessas regiões, aliviando corações e buscando lenir aquele que é conhecido por muitos como o príncipe das trevas. Esse desditoso irmão reconhece em João a autoridade do amor e o respeita.

João Evangelista, companheiro de valor imensurável, trabalhou em mundos que, à semelhança da Terra, passaram pelos mesmos processos de regeneração. Nesses mundos, recebe o respeito, o carinho e as manifestações mais calorosas de gratidão. Sua característica marcante é o olhar profundo e afetuoso, capaz de vasculhar as nossas almas, respeitando-nos a intimidade, e nos curar de todos os males.

Exemplificou integralmente a lição que recebeu de Jesus, quando o Mestre, reunindo os seus discípulos, "deu-lhes poder sobre os espíritos imundos, para os expulsarem e para curarem toda enfermidade e todo o mal"[1].

O coração amoroso de João nos envia apelos, endereçados pela espiritualidade, para que cuidemos mais uns dos outros, pois ele deseja ver todos se abraçando fraternalmente, com sentimentos sinceros de aprendizes do amor.

É urgente desenvolvermos em nossos meios as manifestações de afetividade sinceras. Para isso, busquemos aprender com João

1 Mateus 10:1.

a arte do amor, sabendo comunicar ao próximo nossos sentimentos e reconhecendo junto a ele as nossas dificuldades. Busquemos conquistar corações que nos compreendam e nos aceitem tal como somos.

Aprender a afetividade deve ser o nosso esforço, a nossa meta, de forma que possamos nos relacionar com todas as criaturas, compreendendo-lhes as necessidades, o estágio evolutivo e a disposição de servir.

Ao sermos chamados para contribuir, em nome do espiritismo, para a grande causa de regeneração da Terra, vinculamos nossos corações a esse grupo de trabalhadores, cuja essência e razão de existir é servir à grande causa do amor universal.

Por isso, sigamos em frente, trabalhadores da última hora.

O Cristo, caminhando à nossa frente, nos convoca para este grande momento de libertação coletiva da Terra. Sigamos com determinação as pegadas do Mestre, espelhando-nos nos exemplos de Seus sinceros servidores, que cuidam da Terra para que ela tenha a paz, conquista dos mundos de regeneração.

Sarah

21

O resgate de Bartiara

Vivemos um momento especial no cenário da evolução humana, no qual a mediunidade, no limiar do terceiro milênio, já deveria ter atingido patamares de maior expressão.

Muitos medianeiros que, no plano espiritual, antes de sua reencarnação, comprometeram-se a servir ao Evangelho por meio das benesses mediúnicas tão logo se encontram na carne, naufragam pelos desenganos e deslizes que os acometem.

A falência em grande escala, a desmotivação e o desânimo dos medianeiros são constatados nas agremiações espíritas e muito têm nos preocupado, pois são muitos os motivos que devemos analisar para podermos ajuizar acerca de tal realidade. Só assim, poderemos propor ações conjuntas para resgatar a produção mediúnica em níveis desejáveis.

Não nos faltarão oportunidades de dissertar sobre esse assunto. Contudo, nosso propósito, neste momento, é levar ao conhecimento dos irmãos os relatos de experiências levadas a efeito por alguns medianeiros, que nos abriram seus canais mediúnicos, de forma que possamos partilhar essas experiências com os lidadores da mediunidade.

A seguir, relataremos o resgate da companheira Bartiara visto sob a ótica dos médiuns que lhes serviram como instrumentos de resgate, por meio do exercício da mediunidade bem orientada.

Posteriormente, nossa irmã socorrida trará a nós seus relatos, enriquecendo-nos com seus conteúdos e reflexões.

Ainda, comentaremos, ao longo da escrita, as várias fases do processo de resgate, elucidando os procedimentos adotados. Estaremos, dessa forma, exemplificando um dos ângulos do que vem a ser o "trabalho mediúnico de parceria", o qual é proposto pela espiritualidade aos grupos de labores mediúnicos que se colocam a serviço de Jesus.

Inácio Ferreira[1]

******

Relato de um dos medianeiros

Ao iniciar esses relatos, sou orientado pelo Dr. Inácio Ferreira a proferir uma prece, rogando ao divino Mestre que nos abençoe para esse exercício de boa vontade. Orienta-me, ainda, o querido amigo que Eurípedes Barsanulfo nos acompanhará nessa experiência. Deseja-nos, por fim, êxito para que esta venha a contribuir de forma eficaz para nosso crescimento, despertando nos lidadores dispostos a servirem à grande causa do amor a necessidade de reciclagem das atividades mediúnicas.

Nesse instante em que nos propomos a escrever, visualizamos a montagem de uma tela fluídica que registrará a autenticidade de nossos relatos. Solicita-me o benfeitor Inácio Ferreira que não julgue o que devo ou não escrever, mas sim que me entregue

1 Inácio Ferreira de Oliveira nasceu em Uberaba, em 1904. Médico psiquiatra formado pela Faculdade de Medicina da Universidade do Brasil, no Rio de Janeiro, atual UFRJ, tornou-se Diretor Clínico do Sanatório Espírita de Uberaba, desde a sua inauguração em 1933. Desencarnou em 1988, deixando obras como *Tens razão* (1942), *Novos rumos à Medicina I e II* (1945-1948), *Espiritismo e Medicina* (1941), *Psiquiatria em face da reencarnação* (1940) e *Peregrinos da vida* (1982).

incondicionalmente ao trabalho, pois compete aos revisores do texto e aos leitores futuros analisarem a utilidade do que escrevo.

Com alegria, aguardei o dia da reunião mediúnica, pois o contato com a espiritualidade sempre nos traz novas lições e nos proporciona novas reflexões. Precisava lançar-me ao trabalho com mais empenho e buscava fazê-lo sentindo alegria em poder participar daquele labor mediúnico, o qual beneficiava a tantas criaturas, a começar por mim mesmo. Iniciada a reunião, após a leitura de página edificante, a prece foi proferida pelo dirigente, que, em sua rogativa sincera, agradecia ao Senhor e Mestre Jesus as bênçãos para o trabalho a ser realizado.

Senti, a partir daquele momento, a presença do senhor Leão[2], benfeitor espiritual de nosso grupo que se incumbira de preparar-me para as atividades propostas. O amigo orientou-me a buscar alegria íntima, por estar tendo a oportunidade de participar daquele programa de auxílio a irmãos necessitados, e informou-me que desceríamos a uma região da erraticidade inferior, mas que eu não deveria temer, pois espíritos habilitados para aquele mister estariam acompanhando a nossa caminhada.

Atendendo a pedido do benfeitor, proferi nova prece ao Mestre Jesus, solicitando a coragem para a realização daquela atividade, no que fui atendido com muita facilidade. Assim, meu corpo astral se desdobrava, colocando-se lado a lado de meu corpo físico.

Fui então recebido por Irmão Ferreira, responsável pela segurança do grupo de trabalhadores escalados para o tentame. Relatamos as ocorrências ao dirigente dos trabalhos, recebendo dele o sinal para acompanharmos a caravana de trabalhadores.

Fui esclarecido por Leão que o responsável por aquela atividade era Eurípedes Barsanulfo, com o qual nos encontraríamos mais

2 Leão Zálio, trabalhador espírita mineiro, colaborou com a Fundação do Grupo Emmanuel, em Belo Horizonte e sustentou, por décadas, estudos ligados à evolução e, sobretudo, ao Evangelho, dando especial atenção ao formato dos estudos, que primavam pela interatividade.

à frente, à medida que o trabalho se desenvolvesse. Lembrou-me o benfeitor de que, nos momentos em que as dificuldades fossem apresentadas, durante a realização do trabalho, acionasse o clichê que ele havia criado em meu campo mental como instrumento de defesa e sustentação. Trata-se de uma figura do rosto de Jesus esculpida em meu centro coronário, que, quando acionada pela força do pensamento, entra em ação, movimentando-se e podendo ser vista pelos espíritos que estiverem próximos, independentemente de sua condição evolutiva. Sem dúvida, posso afiançar aos amigos que esse clichê oferece a segurança que nós medianeiros precisamos para superar as nossas dificuldades.

Outros medianeiros, igualmente ostensivos, haviam recebido orientações de seus benfeitores no sentido de se manterem em suas devidas posições. Todo o agrupamento estava escalado para aquela iniciativa de grande oportunidade e aprendizado.

Aproximou-se de mim o espírito de Sarah, que me entregou uma longa luva feminina de rara beleza e me informou que eu deveria levá-la, pois, no momento certo, saberia sua utilidade. Alertou-me a bondosa amiga sobre os inconvenientes que iria passar a partir daquele instante e pediu-me que tivesse confiança e não me esquecesse da alegria no serviço proposto.

Solicitamos ao dirigente que proferisse uma prece, no que fomos atendidos. Este pediu à equipe de médiuns vibracionais que nos envolvesse com muito amor e vibrasse para o sucesso da empreitada. Proferiu prece sentida e declamou o Salmo 23:

> O Senhor é o meu pastor,
>
> Nada me faltará.
>
> Deitar-me faz em verdes pastos.
>
> Guia-me mansamente
>
> A águas tranquilas.

Refrigera a minha alma,
Guia-me nas veredas da justiça.
Por amor de Seu nome, ainda que eu andasse
Pelo vale das sombras da morte,
Não temeria mal algum,
Porque Tu estás comigo...
A Tua vara e o Teu cajado me consolam.
Preparas-me o banquete do amor
Na presença de meus inimigos,
Unges de perfume a minha cabeça,
O meu cálice transborda de júbilo!...
Certamente,
A bondade e a misericórdia
Seguirão todos os dias de minha vida
E habitarei na Casa do Senhor
Por longos dias...

A comitiva, tendo o irmão Ferreira à frente, deslocou-se, abrindo caminho e nos orientando sobre os perigos e as armadilhas que encontraríamos pelo trajeto.

Iniciamos o movimento de descida, passando por paisagens sombrias, que se assemelhavam a desertos, devido à sua aridez, e que ficavam cada vez mais empobrecidas, com o ar denso e rarefeito.

Espíritos desordeiros aproximavam-se de nós, médiuns, em estado de desdobramento espiritual, procurando nos aterrorizar, encostando em nós suas mãos ulceradas por chagas purulentas, com o objetivo de nos constranger e amedrontar. Alguns medianeiros relatavam ao dirigente suas dificuldades e, no exercício da prece, íamos vencendo as etapas.

Passamos por pântanos repletos de irmãos em estado de total desequilíbrio até chegarmos a uma formação rochosa, que dava acesso a uma abertura dimensional, a qual nos ligaria à região onde se daria o atendimento programado para aquela noite.

Entramos em um elevador semelhante aos que encontramos nas minas de ouro e descemos em velocidade para nós, encarnados, incalculável. Nesse momento, sentia as pulsações cardíacas aceleradas e o suor molhava-me o corpo. Fechei os olhos e orei a Jesus, pedindo forças para continuar naquela tarefa, confiante no que estaria por acontecer.

Quando chegamos ao local determinado, o senhor Leão tocou meus ombros, pedindo que abrisse os olhos e relatasse as minhas percepções ao dirigente. Esses expedientes permitem que o dirigente e os médiuns de sustentação acompanhem o trabalho em todas as suas etapas. Pudemos, então, relatar com segurança o que víamos.

À frente de um túnel escuro, divisamos uma fila indiana iluminada pela luz de uma pequena tocha, tendo à sua dianteira a figura de Eurípedes Barsanulfo, que era seguido por outros trabalhadores especializados naquele tipo de atendimento em regiões abismais.

Sintonizei-me com Eurípedes, que me solicitou que acionasse o clichê mental do Senhor e esquecesse, naquele momento, de minha pessoa, confiando nele, na equipe e, principalmente, em Jesus. Orientou-me a fazer silêncio mental e a aguardar novas instruções. Coloquei-me em prece quando escutei outra médium do grupo relatar que via meu corpo sendo desdobrado em vários corpos espirituais, descrevendo o ambiente em que nos encontrávamos.

Essa médium se encontrava em companhia dos espíritos Bittencourt Sampaio[3] e Ewerton Quadros e relatou que via outra companheira de trabalho, também médium, desdobrada no mesmo ambiente,

3 Francisco Leite de Bittencourt Sampaio nasceu em 1834 em Laranjeiras, localidade da então província de Sergipe, e desencarnou no Rio de Janeiro, em 1895. Jornalista, literato e médium, em 1876 fundou a Sociedade de Estudos Espíritas Deus, Cristo e Caridade, promovendo estudo do Evangelho à luz da Doutrina Espírita.

acolhida no colo de nossa amiga espiritual Tiana. Esta amiga teria, naquele trabalho, a função de doadora de fluidos (ectoplasma) à irmã, alvo do atendimento, de forma que o mundo espiritual pudesse proceder com as manipulações necessárias em favor da recomposição – que fosse possível naquele momento – de glândulas e órgãos do corpo espiritual importantes para que nossa irmã fixasse recursos, os quais seriam endereçados a ela naquela oportunidade.

Solicitou-nos Eurípedes que pedíssemos ao dirigente para proferir uma prece sentida em favor ao andamento do trabalho, no que foi prontamente atendido.

Encontrávamo-nos em amplo anfiteatro, cercado por uma arquibancada ocupada por espíritos sagazes e barulhentos que aguardavam os acontecimentos com muita expectativa. No centro do anfiteatro, vislumbramos uma figura feminina. Da cintura para baixo, seu corpo estava totalmente transformado em pedra. Pudemos, então, verificar as mutações que sofria, pois suas mãos se assemelhavam a garras de ave de rapina, seus braços eram humanos e sua cabeça remetia à de Medusa, da mitologia grega, com serpentes ferozes em posição de ataque. De seus olhos, partiam, em nossa direção, uma energia luminosa vermelha, assustadora, parecendo armar um bote para atacar e ferir.

Eurípedes solicitou-nos bom ânimo e coragem. Em seguida, aplicou-me passe no coronário e solicitou-me caminhar em direção à nossa irmã, postada ali à nossa frente. À medida que caminhávamos, sentíamos o nosso coronário em ação, com a insígnia do Cristo a vibrar com maior intensidade. Aos poucos, aproximava-me daquela criatura, confiante no poder do Cristo. Pude, então, adentrar seu campo mental e, compadecendo-me de suas misérias, passei a narrar para o dirigente o que via.

Nessa hora, percebi que nossa irmã não trazia em seus pensamentos a forma sub-humana. Eu via uma mulher abandonada à sorte, explorada em todos os sentidos, completamente nua e trazendo no colo uma criança que lhe buscava, no seio estéril, o alimento que não havia. Ao mesmo tempo, percebia a confusão mental da companheira, ao projetar sua mente para uma vivência em que fora membro da nobreza. Coloquei-me diante dela, e suas mãos puderam então tocar-me o coronário. Sob a orientação da mente firme de Eurípedes, abracei-a sem receios. Ela mesma pode perceber a sinceridade daquele ato, embora não registrasse nenhuma emoção. A outra médium que se encontrava no mesmo ambiente revelou-nos o nome da companheira: Bartiara.

******

Comentário de Inácio Ferreira

Queridos irmãos, precisamos nos apropriar dessa experiência para avaliar como têm se desenvolvido, em nossas agremiações espíritas, as atividades junto aos desencarnados, por meio do exercício da mediunidade.

Como os dirigentes estão se preparando e orientando os medianeiros para atuar? Estarão proporcionando a eles o clima necessário para manifestações espontâneas, em que possam relatar suas experiências e participar, de forma ativa, no intercâmbio mediúnico? Quais as lições que estamos haurindo ao contato com a realidade do mundo espiritual? As experiências de nossos amigos têm sido suficientes para comprovarmos a imortalidade da alma?

É urgente que fomentemos essas discussões, pois temos verificado, nos grupos mediúnicos, insuficiente produtividade, que se origina pela falta de preparo dos medianeiros e, principalmente, pela negligência de dirigentes despreparados para tão importante mister.

O caso de Bartiara apresenta para todos nós fonte de reflexões profundas sobre as possibilidades do intercâmbio mediúnico produtivo, oferecendo aos médiuns e aos dirigentes referência para iniciarem diálogo construtivo sobre suas experiências, verificando os índices de aproveitamento que têm realizado nessas oportunidades benditas de trabalho.

Quando na carne, fomos dirigentes de atividades mediúnicas e, nessa função, sempre contamos com a participação operosa de medianeiros comprometidos, bem como com a participação ostensiva da espiritualidade, que, a todo momento, nos brindou com sua presença amiga. Ao retornarmos ao mundo espiritual, ficamos surpresos com a realidade vivida pelos grupos mediúnicos. Nosso compromisso é auxiliar a todos que desejem servir com eficácia e qualidade evangélica em nome de Jesus.

Conforme tive oportunidade de relatar na obra de minha autoria, em parceria com Carlos A. Bacelli, intitulada *Do outro lado do espelho*, capítulo 42, faz parte das estratégias das trevas facilitar que seus auxiliares adentrem as casas espíritas, assumindo a postura de mentores e obstruindo os canais da mediunidade. Verificamos, também, que o número de obras mediúnicas de conteúdo duvidoso, ditadas por espíritos pseudossábios, têm distraído os espíritas, que as divulgam em larga escala, muitas vezes desconhecendo as obras de real valor que lhes são oferecidas por fontes seguras e produtivas.

Infelizmente, muitos irmãos não se encontram preparados e amadurecidos para elaborar uma boa análise das produções mediúnicas. Desconhecem o crivo socrático, que leva a atestar se algo é bom, útil e verdadeiro e que ensina a discernir com segurança os resultados dos trabalhos e orientações ou mesmo revelações espirituais colhidas na hora do intercâmbio.

Por falta de preparo, principalmente dos dirigentes espíritas, o joio tem sido, infelizmente, lançado em grande proporção junto ao trigo. Esse problema, no entanto, é de fácil solução. Basta que nos apliquemos mais aos estudos e ao intercâmbio entre as casas espíritas espalhadas por este mundo, de forma a levar médiuns e dirigentes a se reunirem para as necessárias trocas de experiências.

Inácio Ferreira

22

Orientações sobre o trabalho

Os relatos que se seguem são referentes ao regaste de Bartiara. Foram feitos por uma médium que atuou, nesse resgate, junto ao medianeiro que nos apresentou seu relato anteriormente.

******

Iniciada a segunda parte da reunião mediúnica, entrei no processo de desdobramento, percebendo alguns amigos espirituais que sempre estavam conosco nas tarefas. Naquela noite, mais precisamente, percebi a vibração envolvente dos nossos irmãos Bittencourt Sampaio e Ewerton Quadros. Envolvendo outro médium, que se encontrava na mesma faixa de trabalho que eu, percebi um espírito feminino de rara beleza e delicadeza nos traços, cujos cabelos tinham ondulações e uma luz indescritível. Esse espírito tinha uma vibração harmoniosa e irradiava segurança, ternura e alegria. Era Sarah, que, pela primeira vez, tive a oportunidade de perceber. Enquanto o outro médium relatava suas percepções quanto ao trabalho da noite, fui submetida a um processo de relaxamento pelos amigos espirituais a fim de facilitar a sintonia no trabalho.

Orientada pelo dirigente a assumir postura pró-ativa como médium, indaguei aos amigos espirituais qual seria a minha participação no trabalho daquela noite. Responderam-me que o primeiro passo seria nutrir o íntimo de imenso sentimento de amor e vontade de servir. Essa iniciativa de perguntar aos amigos espirituais nos dá a oportunidade de sermos pró-ativos dentro do processo mediúnico, visto que temos aprendido o quanto é importante a participação de todo o grupo de trabalho, especialmente dos médiuns ostensivos, nos atendimentos. Confesso que, naquela época, tinha muita dificuldade em entender o que é ser pró-ativa em matéria de mediunidade, pois, até então, estava condicionada a ser um instrumento passivo, à espera da orientação e do direcionamento dos amigos espirituais ou do dirigente. Entretanto, estou aprendendo que, se os espíritos superiores se esforçam para descer até nós, os encarnados, na hora da atividade mediúnica, nós, os médiuns ostensivos e o grupo de forma geral, precisamos igualmente nos esforçar para elevar nossas vibrações até eles, agindo de forma pró-ativa para favorecer o trabalho e o indispensável aprendizado no serviço do bem, do qual nossos espíritos tanto necessitam.

À medida que o médium consegue ampliar o seu campo mental para trabalhar ativamente no processo mediúnico, maior é o raio de atuação dos amigos espirituais sobre ele, ajudando-o a perceber com maior clareza os objetivos dos trabalhos.

Nessa noite, os amigos espirituais esclareceram que iríamos a uma região com vibrações muito densas, mas que não era para eu me impressionar, pois, naquele lugar, havia corações muito valorosos, vínculos queridos nossos que, no momento, estavam em profundas dificuldades, precisando de carinho e de amor. Deveríamos vê-los como entes queridos do coração e desejar ajudá-los com o carinho maternal. Disseram-nos, também, que o atendimento que estava na pauta daquela reunião seria a um coração que, a partir daquela noite de bênçãos, teria sua existência reconstruída pelas trilhas do Pai. Relatei os esclarecimentos ao dirigente, que reforçou, com uma vibração de otimismo, confiança e segurança, a orientação para não me prender às imagens e aos detalhes do caminho, pois estes poderiam ser mecanismos de distração para dificultar o êxito do trabalho.

As impressões do ambiente

Após ouvir as orientações, busquei, com muita fé em Deus, a vontade de servir e de fazer o melhor que pudesse naquela noite. Em certo momento, vi uma porta e, ao chegar perto dela, tive a clara sensação de que, se eu a ultrapassasse, cairia em um profundo e escuro abismo, que tomava conta de toda a extensão após aquela porta. Relatei o quadro ao dirigente, que me orientou a não fixar no vazio, mas sim buscar a segurança nos amigos que estavam orientando-me e seguir em frente. Recorri aos amigos espirituais e a sensação do vazio foi se distanciando, até que consegui ultrapassar a porta. O dirigente proferiu uma prece, rogando ao Pai o auxílio para a continuidade do trabalho. A rogativa harmonizou-me. Foi quando vi que a caminhada estava sendo feita em fila, formada por vários amigos espirituais que, até então, eu não tinha percebido. Segui a fila determinada, olhando sempre em frente e procurando fixar o meu campo mental junto ao de Bittencourt Sampaio. Enquanto caminhávamos, a sensação era de que a fila em linha reta criava um campo de proteção à nossa volta.

A região era sombria, e as imagens, muito fortes. Corações endurecidos, com deformações perispirituais que refletiam o teor daquilo que traziam no íntimo, guardavam o ambiente. Chamavam-nos de intrusos, estranhos, invasores. Ouvíamos urros, gritaria e lamentos vindos de todos os lados. Adentramos por uma passagem estreita e fria, que consistia em uma fortaleza muito organizada e preparada para deter a aproximação de "estranhos".

Fui orientada pelo dirigente, mais uma vez, a não me impressionar pelo que estava vendo e ouvindo, pois essas imagens e esses sons poderiam ser utilizados como mecanismos de distração e de empecilho ao objetivo da noite.

Reflitamos o quanto poderíamos evitar residirmos nessas regiões se nos esforçássemos mais para cumprir o caminho do bem.

Importa lembrar que todos nós somos responsáveis por essas regiões na medida em que as alimentamos quando nos desviamos da prática do bem.

Com grande esforço, consegui caminhar sem me prender às impressões fortes e desagradáveis daquele lugar. Percebia, com muita clareza, a presença dos amigos espirituais, que transmitiam confiança e fé no objetivo a ser alcançado, assim como a presença de companheiros do grupo encarnado, sustentando todo o trabalho com suas preces e pensamentos de solidariedade e dando-me a certeza de que não estava sozinha. Seria muito difícil o êxito nesse trabalho se não pudéssemos contar com o elo vibratório em bases de fraternidade, formado em torno do trabalho pelo agrupamento de encarnados, que determina a sustentação segura e solidária vinda de todo grupo.

Aquele ambiente de aprendizado tornava-se cada vez mais denso, o que exigia de todos nós, do agrupamento mediúnico, uma postura firme para nutrir sentimentos contrários aos que magnetizavam o ambiente.

Percebemos o outro médium, que fora escalado para dividir comigo a tarefa, sendo envolvido mais ostensivamente por Sarah, em processo de desdobramento.

Uma irmã

Chegamos a determinado lugar e a fila foi desfeita, formando um círculo que emitia uma luz de tom lilás em torno do ambiente.

Passado um tempo rápido, avistamos um vulto que, a princípio, não conseguimos identificar. Depois de sentida prece, que fui orientada a fazer, o vulto tomou a forma de uma mulher, coberta por algo semelhante a teias de aranha. Em imagens muito rápidas, percebíamos a alternância da forma perispiritual da companheira, que, em um momento, apresentava-se com uma estrutura perispiritual normal de um ser humano e transmitia pleno domínio da situação; em outro, apresentava-se em profunda deformação perispiritual, não sendo possível identificar suas mãos ou seu rosto. Seus olhos, vermelhos, pareciam estar prestes a lançar bolas de fogo e ela se debatia como se alguém ou alguma coisa estivesse comandando seus impulsos para, em seguida, ficar completamente imóvel, como se sua força tivesse sido exaurida.

Apesar da presença marcante dos amigos espirituais, das vibrações dos companheiros do grupo encarnado que sentíamos fortemente interligados diante do ambiente sombrio e triste, e da figura daquela mulher, senti que todos nós deveríamos emitir as mais sinceras vibrações de paz e de amor, mesmo que, naquele momento, sentisse medo, tristeza e dor.

Percebendo minha dificuldade, os amigos espirituais me orientaram a reforçar a confiança em Deus e a ver naquele ser um coração que pulsava, embora carente de auxílio.

Sentindo-me mais fortalecida, aproximei-me da mulher, que não notava a nossa presença. Fomos informados pelos amigos espirituais que se tratava de uma companheira muito inteligente e com grande conhecimento dos escaninhos da mente. Nesse momento, o outro médium, que também estava na faixa do mesmo atendimento, percebeu que a companheira tinha um grande conhecimento sobre a mediunidade e que ela o utilizou para neutralizá-lo e confundi-lo por alguns minutos. O irmão médium relatou que estava se sentindo bloqueado mentalmente e não conseguia sintonizar com a mente da companheira nem com os amigos espirituais. O dirigente proferiu, então, sentida prece, que elevou a vibração da reunião, fortalecendo-nos perante o quadro.

A companheira, ao perceber a nossa presença, externou muita raiva e hauriu do ambiente energia para se fortalecer. Por alguns momentos, também sofri a tentativa de ser dominada mentalmente por ela, tendo a sensação de total impotência no controle de minha mente. Foi um momento difícil no trabalho e tive de intensificar o desejo sincero de servir, auxiliando aquela irmã.

Busquei o espírito Ewerton Quadros, que me orientou a buscar a sustentação no grupo encarnado. A sintonia foi imediata. Antes que Ewerton terminasse de falar, percebi mentalmente a presença de uma médium de sustentação, que estava, naquele momento, em outra reunião mediúnica na casa, e, imediatamente, senti-me impulsionada, fortalecida, segura e totalmente capaz de continuar o trabalho, como se não tivesse passado por nenhuma dificuldade.

Essa não foi a primeira experiência que tive em receber dessa médium de sustentação o amparo imediato. A energia que ela transmite é tão intensa, que bloqueia em mim qualquer sentimento de incapacidade perante o trabalho, ficando a impressão de que ela sempre está no ambiente em que o trabalho está sendo realizado.

Recebida a sustentação, consegui buscar a figura do Mestre Jesus como fortalecimento para a continuidade do trabalho.

Percebíamos que nossa irmã tinha muita habilidade em ler nossos pensamentos, em tentar nos controlar e se esquivar do contato com todos nós. Ao perceber a nossa aproximação, ela criava um envoltório magnético protetor para não ser atingida por nossos objetivos. Nesse momento, recebi uma orientação dos amigos espirituais para ver aquela companheira como um ser muito querido, valoroso e crer que, apesar de sua aparência e de sua resistência, pulsava ali um coração muito caro a todos nós.

Consegui aproximar-me da irmã e transmitir a ela uma vontade muito grande de ajudá-la, de tê-la em meus braços como uma mãe tem a um filho, além da vontade de abraçá-la como uma amiga muito querida, que não via por muito tempo.

Apesar das orientações que já tínhamos recebido, dos nossos vínculos com os companheiros que estavam sendo resgatados, naquele dia, não consegui entender o porquê do intenso sentimento de estar revendo aquela companheira.

Percebi que, ao vê-la de outro ângulo, com os olhos do coração, ela tinha um olhar diferente, envolvente, manso e penetrante. A percepção daquele olhar deixou-me extasiada por alguns minutos, aumentado a vontade de me aproximar ainda mais dela. Todo aquele ambiente hostil, apavorante e sombrio ficou para trás, e um sentimento de amor, que nem eu sabia que possuía, brotou em mim naquele instante.

O atendimento

A partir daquele momento, foi estabelecido um campo favorável para a aproximação entre a irmã e o outro médium, meu parceiro no trabalho. A sintonia mais direta entre eles foi, então, concluída e ele passou a transmitir o drama da companheira, quando nos foi permitido conhecer um pouco da trajetória espiritual dela, que estava sob doloroso processo hipnótico. Ela havia permitido essa hipnose como alternativa de fuga, pois tinha um profundo sentimento de culpa por não ter conseguido cumprir determinada proposta de trabalho, recebida em um orbe de Capela, junto a um grupo de trabalhadores abnegados do Cristo.

Após um longo e profundo diálogo-atendimento, quando nossa irmã desejou sair daquele ambiente de trevas, o dirigente, que percebíamos estar sendo ostensivamente envolvido por um amigo espiritual de imensa luz[1], orientou a irmã que buscasse perceber quem estava ali bem próximo dela, para ampará-la e tê-la nos braços. Foi quando, em meio a sentidas lágrimas, Sarah tornou-se visível para nossa irmã. O dirigente, então, com palavras de imenso otimismo e certeza na providência divina, continuou a orientando para observar quem mais estava ali para buscá-la, fazendo com que ela percebesse

1 Hoje sabemos que se trata do espírito Calebe, mais conhecido como Estevão.

seus caros vínculos espirituais. Vi novamente o espírito Sarah amparando-a muito carinhosamente, com um intenso e profundo olhar de alegria por aquele momento em que a companheira estava tendo a oportunidade de começar a emergir do lodo das trevas de si mesma e a contemplar a salutar energia da providência divina.

O dirigente orientou a companheira a se atentar para um portal que se formara, de maneira que ela pudesse ultrapassá-lo e encontrar-se com vários amigos que a esperavam do outro lado. Nesse instante, percebemos um portal que irradiava imensa luz, de um tom não conhecido em nosso mundo material. Com muita dificuldade, por sentir as inúmeras deformações, a irmã conseguiu dar o primeiro passo, sendo amparada por vários amigos espirituais.

Nesse momento, o médium ao qual nossa irmã estava vinculada para o fenômeno de psicofonia foi desligado da companheira muito rapidamente. Percebi o enorme desgaste energético que o medianeiro teve, tendo sido amparado imediatamente pela terapêutica do passe espiritual.

Pensei, então, que a minha participação no trabalho havia terminado. Entretanto, permaneci em prece, muito comovida com o atendimento, e o espírito Bittencourt Sampaio disse-me que o trabalho ainda não tinha terminado, sendo necessário que eu mantivesse o clima de serenidade e aguardasse. Relatei a observação ao dirigente, que me disse que eu iria trabalhar naquele momento na recomposição perispiritual da companheira, o que seria feito por meio de doação intensa de ectoplasma.

A companheira foi recolhida em uma maca e atendida por outros amigos espirituais, que tratavam de suas deformações perispirituais. Nesse instante, percebi uma luz de enorme intensidade absorvendo todo o ambiente em que o atendimento à companheira estava sendo feito. Desejei saber a fonte de que irradiava aquela luz e logo descobri que se tratava de um olhar profundamente envolvente, por meio do qual tive a sensação de estar atingindo os escaninhos de minha alma. Era o espírito Arthur.

Pela irradiação de seu olhar, a recomposição perispiritual da companheira era feita e, por alguns minutos, fui chamada a observar aquele processo.

Uma emoção muito grande tomou conta de todo o meu ser. Enfim, um turbilhão de sentimentos me ocorria. Aquela luz invadia o meu íntimo e, mesmo que eu buscasse todos os adjetivos existentes em nosso idioma, não conseguiria descrever a grandeza daquele momento.

Diante daquele quadro, não contive as lágrimas. Senti-me incapaz de fazer qualquer coisa, a não ser expressar, através do pranto, tudo o que eu estava presenciando. Minha vontade era de me debruçar na mesa e chorar copiosamente, contudo, percebendo minha dificuldade, o dirigente chamou-me a atenção, com uma postura firme e tranquila, orientando-me a me posicionar como uma enfermeira, que não pode se debruçar sobre o doente diante do atendimento. Não consegui mudar a postura de imediato diante daquele olhar e fui advertida várias vezes pelo dirigente, que salientou a necessidade da disciplina quanto aos sentimentos para podermos ser mais úteis no trabalho. Fiz um grande esforço e consegui, enfim, cessar o choro, colocando-me à disposição daquele espírito, para ajudar no trabalho emergencial que estava sendo feito. Os primeiros atendimentos foram concluídos e fomos informados de que a companheira iria para o hospital, o qual havia sido erguido no ambiente espiritual da casa, e de que iríamos saber mais detalhes sobre a irmã assim que ela tivesse condições de trabalho.

Por hora, informou-nos ser Bartiara, companheira valorosa, com profundos conhecimentos de vinculação e desvinculação mental, que teve quedas por dificuldades que foram antevistas e alertadas por Calebe, Arthur e outros amigos espirituais. Não conseguindo controlar os impulsos inferiores, apesar de todo o conhecimento e amparo dos amigos, foi levada ao mundo espiritual, em um tempo longínquo, em situação muito triste. Vivendo na erraticidade, acumpliciada por muitos inimigos do bem, não percebeu que estava sendo vítima de profunda hipnose e, buscando fugir de si mesma, permitia o domínio como processo de autopunição.

Entretanto, a misericórdia de Deus é infinita e essa filha valorosa, naquela noite, começou o seu despertar das sombras de si mesma para a luz Daquele que é o caminho, a verdade e a vida.

Sabemos que toda oportunidade de trabalho é campo de aferições dos valores armazenados em nossa intimidade. Naquela noite, sem que soubéssemos, estava começando, também, o meu despertar para a retomada de uma de minhas existências, comprovando que ninguém cruza o destino de outrem por acaso. Isso também nos mostrou que a mediunidade, esse dom bendito, é um recurso para que o medianeiro possa rever e tomar posse de seu patrimônio espiritual, com o objetivo de sanar suas dificuldades e crescer rumo ao Pai.

Uma jovem

Helena dançava sob os olhares de grande parte da comunidade Auros, adornada com acessórios que chamavam a atenção pelo brilho das pedras. Girava, girava e a todos encantava com a destreza nos movimentos. Dançarina nata, tinha a leveza de um pássaro, a beleza de um cisne em um lago, um sorriso leve, aberto e encantador. Desejava o bem a todos e tinha como prazer fazer os outros felizes, ao apreciarem a sua maravilhosa arte de dançar. Todos notavam sua presença e, quando se retirava das festas, era o fim de qualquer comemoração. Certa noite, após bailar diante da comunidade, Helena sentou-se em um banco e ficou pensativa, a meditar, questionando a si mesma se não haveria em seu destino algo mais importante do que dançar.

Foi quando pensamentos e questionamentos tomaram conta de seu ser e, caindo em profunda tristeza, foi para casa. Após alguns dias de profundas reflexões, quando todos sentiam a sua falta na comunidade, Helena surgiu entre o povo, dizendo que precisava encontrar um novo sentido para sua vida. Decidiu partir em busca de algo que preenchesse o vazio que estava tomando conta do seu íntimo, mesmo sem saber o que buscava. Somente conseguia identificar a necessidade de ser diferente e mudar de vida, construindo valores e afetos verdadeiros.

Próximo àquela comunidade, em Anturus, um grupo de servidores abnegados trabalhava pela melhoria espiritual daquele povo. Segue o relato de Helena sobre suas experiências.

******

Fui atraída pelos comentários que ouvi acerca daquele grupo. Aproximei-me e pedi ajuda, a fim de entender o que estava acontecendo comigo, porque o prazer de fazer os outros felizes, por meio da dança, já não me satisfazia. Queria entender por que a alegria, que era meu traço distintivo, foi embora, dando lugar a questionamentos que me atordoavam o ser. Recebida com muito carinho pelos companheiros, fui encaminhada a uma dedicada trabalhadora chamada Bartiara. Ao pousar os olhos nela, percebi que ali encontraria respostas para as tantas perguntas que angustiavam o meu ser. Bartiara me orientou que era chegado o momento de preencher o meu íntimo com valores mais consistentes, sem, no entanto, perder a alegria, a qual era um valor muito grande meu. Entretanto, ela me disse que eu tinha muito mais a oferecer do que apenas sorrir e dançar.

Não tive dúvidas quanto ao que ouvia e fiquei pensativa, olhando Bartiara. Interrogava em meu íntimo que mulher era aquela, que não me conhecia e falava tão profundamente ao meu coração. Nutri por ela, à primeira vista, um respeito sincero e pedi para ficar ao seu lado, com a finalidade de aprender tudo o que pudesse, pois sentia que ali estava o que tanto procurava.

Permitiram que eu ficasse ao lado de Bartiara e de muitos outros trabalhadores, para que pudesse aprender valores que sustentassem a minha alma, dando-me a verdadeira alegria e recursos para ajudar a outros que, também como eu, chegavam àquela comunidade.

A sede de aprender era enorme e eu não perdia nenhuma oportunidade de conversar, questionar e aprender com aqueles abnegados companheiros. Após pouco tempo estagiando entre os trabalhadores, meus olhos voltaram a brilhar e de meus lábios brotavam sorrisos que vinham da alma, alimentada pelos ensinamentos profundos que recebia. Encantava-me pelos dons mediúnicos de Bartiara e dos outros companheiros. Queria também tê-los, pois achava que, com eles, seria mais fácil passar pelas dificuldades do caminho e fazer brotar a alegria nos corações daqueles que deixei na antiga comunidade.

Calebe, que tutelava o grupo, advertia-me que era preciso colocar aqueles ensinamentos no coração, pois tudo aquilo que eu estava vivenciando não teria valor algum se não provocasse, no mais profundo de meu ser, a vontade de melhorar e de servir ao Pai. Dizia-me também que a mediunidade, sem o desejo sincero de praticar o bem, em nome do amor, poderia servir a um processo de queda daquele que a possui. Com toda a sua sabedoria, aquele espírito nobre percebeu o meu ponto de fragilidade: estava me encantando pelos fenômenos e distanciando-me da vivência ativa de tudo o que recebia.

Apesar do enorme respeito que sentia por todos aqueles trabalhadores, comecei a sentir em meu íntimo o fel da inveja, que me consumia o raciocínio. Queria ser como Bartiara e como todos os outros que tinham dons. Inimigos do bem, que estavam atuando tenazmente naquela comunidade, encontraram em mim, que não estava cultivando em minha mente as verdades recebidas, um porto aberto para influências e acumpliciamento de seus objetivos. De admiradora grata a todos pelo que recebi, passei a ser instrumento de desequilíbrio perante o grupo.

Percebendo o que se passava, Bartiara alertou-me que era preciso resistir às influências. Todos nutriam por mim imenso carinho e desejo que eu crescesse espiritualmente e, por isso não mediram esforços para me ajudar.

Entretanto, fazendo uso de meu livre-arbítrio, vinculei-me profundamente às trevas, optando por ouvir-lhes as investidas. Conhecendo os desejos que alimentava, os inimigos do bem estimularam em mim manifestações fenomênicas, alimentando a minha vaidade. Sentia-me cada vez mais realizada com os fenômenos que produzia, sem me preocupar com a sua origem e com seus objetivos, desprezando todo o conhecimento adquirido naquele grupo.

Algumas vezes, a consciência me cobrava outra postura. No entanto, eu não percebia a força das trevas e queria cada vez mais a evidência, como naquele tempo em que dançava e era admirada por todos. Acreditava que, na dança, meu único desejo fosse alegrar os outros. Mas será que era mesmo esse o único desejo? Será que a necessidade de ser o centro das atenções não estava camuflada nessa doce intenção?

Assim como o orgulho, na maioria das vezes, tem o disfarce da timidez, eu tinha máscaras e mais máscaras.

Não percebia que estava criando um enorme abismo interior a me consumir e infelicitar. Equivocada, cega pela inveja e outras feridas, sob profunda influência espiritual alimentada por meu mundo íntimo, acreditei que alguém havia me dotado de dons que Calebe e os outros não me ajudaram a desenvolver. E assim, ressentida, distanciei-me do grupo, passando a ser uma médium das trevas.

Em um quadro de completa influência mental, fui cúmplice e contribuí para a queda de muitos companheiros, inclusive de Bartiara, quando esta entrou em desequilíbrio pela perda do filho.

Desencarnei em situação muito difícil e perambulei pela erraticidade, com aquele vazio aumentado em enorme proporção, desde que parti de Auros, em busca de algo que não sabia o que era.

Do meu íntimo, brotava a culpa de haver perdido uma grande oportunidade de crescimento espiritual e uma enorme dor por não ter ouvido aqueles mensageiros do amor, preferindo, em vez disso, ouvir a voz da inveja, que me devorava o ser.

Até que, certo dia, já cansada, chorei copiosamente e pedi a Deus que me desse uma nova oportunidade de reencontrar aqueles amigos abnegados e de resgatar a oportunidade perdida de trabalhar com eles. Principalmente, pedi a chance de rever Bartiara, que tanto me ensinou.

Grande era a minha tristeza e desejei do fundo de minha alma fazer alguma coisa por aquela que foi uma amiga acolhedora, à qual paguei com ingratidão, quando dei vazão aos meus sentimentos e desejos mais egoísticos. Foi quando percebi uma luz que vinha em minha direção. A tristeza que sentia afastava-a de mim, mas, sem forças para resistir, confusa, desejei aproximar-me dela e pedi, embora não merecesse, que um pouquinho daquele brilho atingisse o meu ser, iluminando minhas feridas íntimas, para que eu pudesse vê-las sem máscaras e pudesse tomar consciência da minha fragilidade. Dessa forma, poderia ressarcir, perante a contabilidade divina, o enorme débito contraído por não ter sido forte o bastante para deixar que o bem e o amor entrassem em meu íntimo, transformando aquele sentimento de inveja, essa chaga que se tornara um monstro dentro de mim, com a minha permissão.

Foi quando ouvi um sussurro que invadiu o meu ser, como o frescor de uma brisa, como um bálsamo a refrescar a enorme ferida íntima que sentia naquele momento. Adormeci diante daquela luz, ouvindo: "Vinde a mim todos vós que estais cansados e oprimidos, que eu vos aliviarei".

******

Jesus, mestre e divino amigo, pastor de nossas almas, dê-me forças para continuar a buscar o alívio em Seu Evangelho. Obrigada pela oportunidade de reencontrar esses amigos abnegados, trabalhadores da Sua seara de amor, e por me aceitar novamente como aprendiz da mediunidade nesse grupo.

23

Relatos da vida

Dirijo-me ao amorável Mestre Jesus, agradecendo a Ele por essa oportunidade. Novamente, utilizo-me dos recursos medianímicos para divulgar a verdade e para orientar as criaturas acerca da realidade espiritual que nos circunda.

Utilizo-me da psicografia a pedido de instrutores, que outrora tive oportunidade de ombrear em minha caminhada evolutiva, mas dos quais, por infelicidade, afastei-me, atendendo aos meus interesses pessoais.

Rever a minha trajetória espiritual causa-me profundas dores, somente superadas porque sei estar sendo sustentada pelo espírito de João Evangelista, discípulo amado de Jesus, com quem tive a felicidade de um dia compartilhar experiências e de quem recebi diretamente instruções que muito favoreceram a minha evolução. Atendo a seu pedido, assim, pois sei que atendê-lo é atender ao Mestre Jesus, que a todos nós tem sustentado.

Neste momento de dificuldades experimentadas no seio da humanidade terrena, ofereço meus relatos de forma despretensiosa, com o objetivo de despertar os espíritas para as responsabilidades das quais são portadores, uma vez que receberam o patrimônio da Doutrina dos Espíritos, o Consolador Prometido, o qual foi entregue pelo Divino Peregrino quando de Sua presença física na Terra.

Ao realizar essa catarse, contribuirei para acelerar meu processo de reconstituição perispiritual. Sei que estarei favorecendo a assimilação de recursos indispensáveis para que eu possa reencarnar, com o objetivo definido de servir nas fileiras do espiritismo cristão e humanitário. Poderei, assim, reencarnar com lucidez, de forma a disponibilizar todos os recursos que pude conquistar no campo da mediunidade naquele tempo em que trazia no coração o desejo sincero de servir, colocando o amor como roteiro a guiar-me o rumo aos propósitos nobilantes.

Em caráter educativo, aqui passo a grafar as minhas experiências e as de outros corações vinculados ao meu. Juntos, muito servimos à causa do amor universal, mas, por invigilância nossa, culminamos por resvalar em despenhadeiros que nos custaram milênios de infortúnios e sofrimentos.

A dor é imensa, mas, ao termos sido resgatados recentemente do vale tenebroso onde estagiávamos, pudemos experimentar, após muitos milênios, os alívios das dores da alma, das dores morais.

Irmãos, podemos catalogar inúmeras categorias de mundos na obra da Criação, sendo estes solidários e fraternos entre si. Criados pelo Pai, fomos chamados a realizar nossa marcha evolutiva em um orbe de grande beleza natural e habitado por criaturas de rara beleza e simplicidade. As lidas no campo, ao contato com a natureza, propiciavam condições de construções afetivas sólidas. Todos viviam de forma comunitária, compartilhando oportunidades, experiências e alegrias. Cuidávamos efetivamente uns dos outros e a nossa felicidade era demonstrada todos os dias quando o Sol se punha no zênite. Aquele era o momento de agradecimento e de comunhão com o Criador e ali os aprendizados eram enormes, não existindo, em nosso meio, sentimentos de natureza inferior.

Naquelas oportunidades, recebíamos visitas periódicas de mentores oriundos de outras esferas, que se materializavam entre nós com a finalidade de nos prepararem para a jornada que nos aguardava no porvir. Foi em uma dessas oportunidades que convocaram cerca de 200 elementos da nossa comunidade, dentro dos quais eu me encontrava, para integrarem a dada programação estabelecida pelo Criador, em benefício de outros orbes.

Deveríamos nos preparar para, temporariamente, deixar o nosso mundo e ir ao encontro de outras paragens que lutavam para conquistar a condição de mundos regenerados. Cada um de nós possuía talentos individuais, que, unidos, iriam nos conferir autoridade para atuar em nome dos poderes superiores.

O empreendimento era de ordem superior e exigia, de cada um de nós, acendrado amor, ensejando, também, lições para que nos desapegássemos de nossos vínculos afetivos e nos oferecêssemos como membros da grande família universal.

Em dia muito esperado por nossa comunidade, o Cristo, pessoalmente, reuniu nosso grupo e nos convocou para o trabalho em favor do bem de Anturus, planeta em lutas regenerativas. Alertou-nos o Mestre, das grandes responsabilidades que nos aguardavam e dos perigos que poderíamos passar caso nos faltasse a fé nos recursos indispensáveis para o tentame. Prometeu-nos, o meigo Rabi, tutelar nossa caminhada, envolvendo-nos com o Seu magnetismo amoroso. Foi assim, com alegria em nossos corações, que nos despedimos temporariamente daquele mundo ditoso, encaminhando-nos do planeta de luz para um mundo adensado de forças psíquicas degradantes. Recordo-me a alegria no coração de nosso grupo, pois o Criador nos conferia a grande oportunidade de aferirmos valores que julgávamos conquistados. Era aquele o momento da averiguação dos reais valores do espírito.

A cada um foi designada uma missão específica. A mim, Bartiara, caberia o desenvolvimento das criaturas no campo da mediunidade, essa força criadora do universo e especialidade na qual eu guardava extrema facilidade em operar. Os espíritos domiciliados na Terra ainda não puderam catalogar todas as possibilidades decorrentes dos processos medianímicos, verdadeira força da criação e uma potência extraordinária da obra do Criador.

Fomos levados à reencarnação em diversas partes daquele imenso orbe, possuidor de imensas belezas naturais. Na destinação que lhe cabia dentro das leis de evolução, aquele mundo se tornou domicílio de um grupo enorme de espíritos rebelados contra o Criador, os quais, errantes, circulavam pelo universo, espalhando, em sua trajetória, rastros de destruição a constituir-se em flagelos. Essa falange, que hoje atua sobre a Terra, buscando dominá-la por meio de processos de loucura coletiva[1], foi gerenciada, em uma de suas frentes - aquela sediada na crosta terrestre, - por Lúcifer, que, por sua vez, estava sob domínio de outras mentes mais perversas sediadas fora da Terra. Embora esse espírito seja considerado por seus pares um anjo decaído, na realidade ele se rebelou contra os desígnios do Criador, passando a ser fervoroso perseguidor do Cordeiro. Irmãos, registro aqui essas informações para que os amigos possam melhor ajuizar os nossos relatos, pois estivemos vinculados aos domínios desse companheiro e controlados pelo seu magnetismo até recentemente.

Durante essa experiência em Anturus, antes de cair nas malhas da perversidade e do mal, eu amava servir por meio do exercício salutar da mediunidade, operando na simplicidade, nada sendo complexo nesse campo para mim. A faculdade se manifestava por meu intermédio de forma espontânea e era encaminhada, pelo meu idealismo superior, como excelente alavanca propiciadora do progresso entre as criaturas, manifestando a presença do Pai entre nós. Eu era especialista nos processos de desvinculação mental exercida por meio do domínio da mente por um agente externo, a qual era, justamente, a situação dos habitantes de Anturus.

---

1 Essa informação em nada nos surpreende, tendo em vista que, na obra *O céu e o inferno*, de Kardec, no capítulo "*Intervenção dos demônios nas modernas manifestações*", há exame do *modus operandi* desses espíritos, os quais, segundo um excerto contido no 4º item do capítulo," procuram dissimular a sua presença, a fim de afastar suspeitas. Sempre astutos e pérfidos, seduzem o homem com ciladas antes de algemá-lo na opressão e no servilismo".

Os irmãos daquele orbe, naquela época, não conseguiam reagir ao assédio das forças ocultas que, em pouco tempo, constituía-se em grave epidemia, provocando a alienação da mente e rebaixando-os à escravização mental por meio de energias degradantes e animalizadas.

Nosso grupo, no processo emigratório, reencarnou em regiões distintas, tendo sido, posteriormente, reunido com o auxílio dos planos superiores, que nos adequaram naquela situação sombria e nos encaminharam para o reencontro e, progressivamente, para a reunião dos elos de uma corrente libertadora.

Formamos, com determinação e zelo, o Grupo de Libertação, que, por meio da misericórdia divina, preparava aquela humanidade para o processo regenerativo que a aguardava no porvir.

O trabalho era árduo, e as técnicas utilizadas nos tratamentos espirituais eram sublimes, o que nos exigia dedicação em tempo integral. Esse trabalho era realizado na clandestinidade, a fim de não sermos entregues aos irmãos exploradores daquele mundo.

As criaturas se apresentavam para o tratamento sem terem a mínima noção do que se passava. Possuíamos em nossa equipe elementos especializados em processo de recomposição das células perispirituais capazes de modificarem quadros agravantes por intermédio de processos de curas espirituais. Esse grupo de trabalhadores recebia de Calebe, nosso mentor, todo o adestramento e supervisão e trazia, no íntimo, a certeza de esforço no bem para a libertação dos que sofriam.

O trabalho, embora realizado em ambiente agreste, oferecia ao nosso coração a alegria de poder servir. Quando os companheiros de Anturus recobravam a lucidez, passavam a trabalhar em nossa equipe no auxílio a outros companheiros, de forma que estes pudessem se submeter ao nosso tratamento.

Era preciso muito cuidado na realização dessas atividades, pois, embora possuíssemos vasto conhecimento, não estávamos isentos das dificuldades inerentes àquela experiência, as quais, inclusive, foram profetizadas pelo Mestre.

******

Passo agora a relatar as minhas primeiras dificuldades.

Caindo na invigilância, apaixonei-me por um dos companheiros encarnados que conseguíramos resgatar. Aquele homem, meigo, terno e cativante, exercia sobre mim força irresistível. Amei-o profundamente, entregando-me a ele sem reservas, pois existia entre nós uma ligação que não conseguia explicar.

Calebe, sempre solícito, advertia-me dos perigos daquela união. Respeitava-me o livre-arbítrio, mas me lembrava de que a nossa missão ali não permitia que atendêssemos aos nossos interesses particularistas, pois deveríamos servir incondicionalmente, em nome do amor. Esclarecia-me que, ao nos vincularmos emocional e afetivamente de maneira tão intensa aos habitantes daquele orbe, tornávamo-nos vulneráveis e corríamos o risco de comprometer nosso desempenho no trabalho que realizávamos, naquele estágio de transformação pelo qual passava o planeta.

Desconsiderei as advertências do abnegado instrutor e consorciei-me com Antuérpio, que julgava ser a alma de minha alma. De nossa união, tivemos a alegria de receber Irineu, o filho primogênito a quem muito amo e que marca o início de um tempo de muitas dificuldades e sofrimentos.

Antuérpio, com o nascimento de Irineu, modificou seu tratamento em nossa relação. Antes expansivo, passou a ser arredio e novamente enfermara-se sem que eu percebesse. À medida em que Irineu crescia, Antuérpio se distanciava. Era indiferente à educação de nosso filhinho e, quanto mais sua indiferença aumentava, mais se estreitavam os meus laços com o filho querido, passando a constituir-se um apego doentio.

Calebe, sempre por perto, mantinha-me no trabalho em favor do semelhante, orientando-me com todo o seu verbo iluminado e me mostrando os riscos que corria.

As forças degenerativas que atuavam em Anturus eram poderosas e não podiam ser desconsideradas. Eram nutridas em ódio e impregnavam toda a psicosfera do planeta, tornando seus habitantes insensíveis.

Tínhamos em nossa equipe de trabalhadores um jovem companheiro cuja origem era por nós desconhecida. Juntara-se ao grupo por indicação de Calebe e trazia no olhar e no verbo um magnetismo irresistível. Curava os enfermos com um único toque, e seu olhar era capaz de diagnosticar as enfermidades da alma. Seu nome era Dionísio e ele recebera de Calebe investimentos para atuar em nossa frente libertadora, curando os enfermos do corpo e da alma. Sempre tive por ele certa reserva, pois uma intuição me dizia que ele seria um obstáculo na minha caminhada, oferecendo-me perigo.

Em uma noite de muitos trabalhos, recebemos a visita de Sarah e de Arthur para um trabalho de grande profundidade. Um elemento da falange de Lúcifer batia em nossa porta com uma proposta de negociação, pois desejava que aquela atividade mediúnica em nosso grupo cessasse, com a respectiva liberação dos elementos por nós já tratados e resgatados. Em nome de seu líder, prometia a nós uma porção territorial em que pudéssemos agir.

Atendido aquele companheiro, recebemos apelo de Jesus, por meio de processo mediúnico de voz direta, que nos orientou a não aceitar a referida proposta, pois se tratava de uma estratégia para nos enganar e destruir.

Terminado o trabalho que nos consumiu grande quota de energia, dirigi-me ao lar para refazimento das energias e o devido repouso. Para minha surpresa, o meu lar encontrava-se em chamas e já se transformando em cinzas, pois um grupo de infelizes irmãos o havia incendiado. Onde estaria Irineu, meu filho muito amado? Recebi comunicado de que Irineu havia sido raptado por Dionísio, que, naquele momento, tinha paradeiro ignorado.

Fino punhal penetrou-me o coração maternal, desespero lancinante tomou-me o espírito e a dor intensa paralisou-me todo o centro emotivo. Não conseguia reagir, não conseguia chorar, por muito que me esforçasse, não conseguia sequer pensar em Deus, em Jesus. Neguei-me a atender Calebe, porque queria meu filho de volta, custasse o que custasse.

Fui atingida em cheio, visto que aquele rapto serviu para mostrar o meu apego por Irineu, o que somente hoje percebo, após milênios de infortúnio. Dionísio, para conquistar desejos inconfessáveis, vinculara-se a Lúcifer, que lhe propusera aquela ação hedionda com a finalidade de aniquilar-me e desestruturar o trabalho em andamento.

Daquele momento em diante, minha trajetória foi de quedas em quedas. Infelicitada, sentindo-me abandonada, entreguei-me à loucura, deixando de lado todos os propósitos superiores aos quais jurara fidelidade. Que me importava a libertação daquele povo que passei a considerar como inimigos? Como acreditar em promessas de um Deus que me permitia tremenda dor? Como servir aquele Mestre que não evitara aquele sofrimento?

A todos passei a odiar, na medida em que o amor que possuía em meu íntimo desembocou em ódio avassalador e perverso. Desencarnei em situação humilhante e fui recebida por falange de espíritos perversos, com devoção ao mal, os quais me prometeram alívio caso lhes revelasse determinadas condições de trabalho em que operávamos para a libertação daquela gente.

Sem esperança, escravizei-me aos caprichos daquele cruel senhor, que me explorou sem piedade. Quanto mais ele me infelicitava, mais ódio sentia e passei a perseguir o Grupo de Libertação, que até então tivera em mim prestimosa colaboradora.

Articulei na erraticidade de Anturus o ataque de uma epidemia obsessiva que tornava as pessoas piores do que já estavam, passando os nossos infelizes irmãos a serem vitimados pelo autoextermínio. Congelada naquele estágio psíquico, eu não podia perceber nada do que se passava à minha volta.

O tempo passou e, após longas lutas travadas em nome do amor, os objetivos do Criador foram cumpridos: Anturus conquistara a condição de mundo de regeneração. A falange nefasta que ali habitava, sob a ordem do Pai, foi degredada daquele mundo.

De missionária do amor, fui deportada para um mundo primitivo chamado Terra, onde lutas muito ásperas me aguardariam por milênios. Da falange do Cristo, passei a servir à falange das trevas.

Bartiara

24

Memórias de um mundo perdido

No último encontro, por meio da misericórdia divina, pude iniciar os meus relatos. Com essa oportunidade, os amigos possibilitaram-me recuperação perispiritual e mental, a qual não julgava ser tão rapidamente possível. Superando as dores de relembrar o passado, marcado por quedas inumeráveis, pude resgatar, passo a passo, as emoções de estar me reapropriando de meu patrimônio espiritual.

Estou tendo a felicidade de contar com o apoio de toda a equipe do Grupo dos Setenta, que saiu vitoriosa das experiências a ela proporcionadas pelo Mestre Jesus.

Tenho, ainda, a oportunidade de poder contar, para essa valiosa experiência, com a participação amorosa e afetuosa de Ermance Dufaux[1] e da amiga Maria Modesta Cravo[2], que, por meio de suas experiências, têm me possibilitado assumir minha memória espiritual de maneira equilibrada, encorajando-me a rever, pela retina espiritual, as oportunidades que experimentei. Relembro que, inúmeras vezes,

1 Ermance De La Jonchére Dufaux nasceu em 1841, na cidade de Fontainebleau, França. Aos 14 anos, psicografou o livro *A história de Joana D'Arc, ditado pela própria protagonista*. Em 1857, conheceu Allan Kardec e, a partir de então, passou a ser colaboradora do codificador, contribuindo, como médium, na 2ª edição de *O livro dos espíritos.*

2 Maria Modesto Cravo nasceu na cidade de Uberaba, Minas Gerais, em 1899. Devotada trabalhadora no campo da assistência social e médium ostensiva, colaborou para a fundação do Sanatório Espírita de Uberaba, onde viria a conhecer o Dr. Inácio Ferreira. Desencarnou em 1964, em Belo Horizonte, Minas Gerais.

fui vitoriosa. Em outras, motivada pelo egoísmo e pelo orgulho, mergulhei em dificuldades e comprometimentos desnecessários.

Nessa oportunidade bendita, sentindo-me protegida por valorosos amigos e irmãos, continuo a relatar minhas experiências em um dos orbes de Capela, antes da minha deportação para a Terra.

Entregue aos caprichos de mentes perversas que me sustentavam, matriculei-me àquele grupo vinculado com a maldade, com o propósito firme de prejudicar e destruir as iniciativas de resgates, das quais, até então, eu estava participando de maneira positiva.

Conhecedora das estratégias estabelecidas para aquele programa, passei a influenciar o Grupo de Libertação, sem deixar tréguas para que seus trabalhadores reagissem com rapidez às minhas investidas. Graças ao meu conhecimento das técnicas de influência psíquica, por compreender profundamente os escaninhos da mente dos seres e as fragilidades humanas, deliberamos orientar uma falange a nós vinculada pelos laços de ódio. Nesse sentido, meus objetivos passaram a ser atacar impiedosamente os servidores daquela causa e fragilizar o ideal do amor.

A estratégia de que nos utilizamos para o desmantelamento do grupo é muito mais simples do que os companheiros possam imaginar. Todo trabalhador no bem consegue resistir e sair vitorioso dos grandes ataques, das grandes investidas, pois os grandes testemunhos acabam por funcionar como agentes motivadores para que uma ideia possa ser implantada. Disto eu sabia muito bem e, portanto, essa não era a estratégia que optara utilizar. Coisas pequeninas, como a ingratidão de companheiros que caminham na mesma senda, atingem com mais facilidade os corações desprevenidos, abrindo espaço para que a mente ofereça os recursos para a instalação de ideias perturbadoras. A desconfiança, a desmotivação e o desânimo encontram nas relações com melindres o adubo necessário para fermentar a discórdia e a desunião.

Assim, sutilmente, fui lançando na mente daqueles companheiros os gérmens do fracasso. O grupo, antes afinado e sintonizado com os propósitos superiores, começou a travar combates terríveis, verdadeiramente pueris e, assim, não foi difícil, por meio da dúvida, retardar a marcha daquele programa em andamento.

Hoje, compreendo que essas ocorrências, na realidade, serviram para despertar os valores reais daquele agrupamento, devotado ao bem e a servir à causa do amor incondicional.

Orientados e supervisionados por Calebe e por Arthur, aqueles companheiros foram auxiliados em suas dificuldades e se lançaram ao trabalho, a partir de então, com toda a determinação que isso lhes exigia.

Muitos poderão perguntar como pôde um grupo tão reduzido participar de um processo de regeneração de um orbe como Anturus. A resposta é muito simples, queridos amigos: quando o homem compreende sua missão como filho de Deus e seu papel na criação, novas forças haurem em sua alma e ele passa a trabalhar com determinação, não temendo nada, servindo incondicionalmente e encontrando os recursos para a vitória espiritual.

A situação na erraticidade de Anturus tornara-se insustentável para todos nós que combatíamos o bem. Dentro do determinismo divino, todas as criaturas envolvidas naquele processo de falência mereciam receber a oportunidade do recomeço.

As criaturas encarnadas, à medida que se beneficiavam dos processos de libertação e de tratamento psíquico, aumentavam sua expectativa de vida. Em contrapartida, a reencarnação passou a ser rigorosamente controlada a partir de determinada fase do processo de regeneração, ficando acessível somente àqueles corações que possuíam em sua intimidade o merecimento de continuar sua evolução naquele mundo.

Os apelos para buscarmos a reforma íntima chegavam, incessantemente, por meio dos processos espirituais proporcionados pela plêiade de espíritos vinculados ao coração augusto de Jesus, que, já naquela época, era um dos braços fortes do Guia e Modelo que o Pai havia destinado para a humanidade de Anturus – aquele que foi o construtor e constituiu-se no administrador daquele orbe, tal como Jesus aqui na Terra.

Naquele mundo, somente reencarnariam as criaturas merecedoras de novas oportunidades, em que o remorso e o arrependimento abrissem porta para tal mister.

Passamos a viver assustados na erraticidade daquele mundo, o que nos enlouquecia e nos desesperava. Grande contingente de criaturas como eu não mais poderia ali permanecer e perdíamos a grande conquista dos seres inteligentes: o exercício do livre-arbítrio. Dura perda que nos levou ainda mais às raias da loucura e do desespero e, em vez de abrandar nossos sentimentos, só aumentou nosso ódio de forma descomunal. Grande dor enfrentamos naquela hora, pois o sentimento que tínhamos naquela experiência era a ruptura completa com o Criador. Essa foi a nossa primeira perda.

Desesperados, fomos nos amotinando em regiões cada vez mais insalubres e infectas. A descrição que os irmãos têm do inferno de Dante é poética se comparada àquelas realidades. O sofrimento atingira seu ápice e volto a sentir, ao relatar essas experiências, a dor de retornar em meu campo mental, hoje vista sob outro prisma.

Amaldiçoávamos aquele que nos proporcionava aquela experiência. Em certa ocasião, tivemos a oportunidade de receber a visita amorosa de Jesus, tido à conta de inimigo a ser combatido, que, encontrando-nos reunidos em extenso campo, repleto de corações animalizados e desfigurados, nos chamou a refletir sobre os dramas que estávamos enfrentando e sobre a inutilidade de continuarmos naquela posição de refratários aos apelos do Pai e Criador.

As alertivas do Mestre eram para que abríssemos nosso coração para novas oportunidades de recuperação, oferecendo-nos a bênção do esquecimento. Sim, meus irmãos, há momentos em que a dor é tão intensa, que não resta ao espírito senão receber a bênção do esquecimento, de forma que, quando desperte, possa haurir novas forças para continuar a sua caminhada rumo à evolução.

Pronunciou isso o Mestre Jesus em termos amorosos, trazendo-nos a necessidade de exílio em um mundo primitivo por Ele plasmado junto à equipe crística. Ele governaria aquele mundo e nos possibilitaria o recomeço, prometendo não nos desamparar e nos tutelar a caminhada rumo ao glorioso porvir.

Porém, aquela promessa caiu em nossos corações como a pior das sentenças, a maior das ofensas a serem impostas a qualquer criatura. Ódio, revolta, desespero, angústia, medo, sobretudo medo, invadiram-me o íntimo. A loucura chegara ao limite, levando-me ao propósito de, a todo custo, destruir o meu espírito como afronta aos desígnios do Criador.

Todos nós tivemos a oportunidade de nos regenerar, pois, por meio do Grupo de Libertação, todos fomos convocados ao diálogo pelos recursos da mediunidade.

Essas iniciativas, entretanto, foram inúteis. Tínhamos de enfrentar a realidade. Embora estivéssemos em péssimas condições, tanto espirituais quanto perispirituais, ser deportados para um mundo primitivo seria, a nosso ver, pior do que aquela realidade.

Sentimento de humilhação, perda e intensa dor invadiram nossa alma. Essa foi a nossa segunda perda.

A loucura estava generalizada naquela comunidade de "mortos-vivos". Além de nosso próprio desespero, recebíamos os ataques de Lúcifer, que, a todo custo, tentava reverter a situação em seu favor. Aos poucos, fomos nos prostrando, sentindo-nos desenergizados, doentes e fracos. Arrastávamos no solo, pois não conseguíamos sequer colocar os pés no chão. Faltava-nos o alimento psíquico do qual nos nutríamos até então, o qual era produzido pela mente dos encarnados em desequilíbrio. Sono letárgico envolveu-nos o espírito e o tempo parou naquele instante, de forma que um silêncio profundo tomou conta daquele ambiente.

Anturus entrou em conjunção com a Terra em processo astronômico que não pude até o momento compreender. A erraticidade de Anturus erradicava as últimas construções infelizes do submundo espiritual. A natureza daquele mundo, perdido para nós, reconstituía-se, oferecendo bênçãos aos seus habitantes, merecedores de viverem em um planeta de regeneração, com lutas a superar, evidentemente, mas com a láurea da paz, conquistada pelo esforço e pela dedicação de sua gente amorosa.

Para nós, os deportados, o tempo parou naquele momento, como uma bênção que o Pai nos concedia, por meio do sono profundo. Era a oportunidade do esquecimento.

Não sei estimar quanto tempo dormi aquele sono semelhante ao nada, ao vazio absoluto. Nossos espíritos dormitavam aguardando novas oportunidades, mas ainda éramos os mesmos rebelados contra o Criador. Um dia, iríamos acordar e, ao contemplarmos a abóbada estelar, sentiríamos saudades do mundo deixado para trás. Para muitos, o sentimento foi de saudades e de desejo de retorno.

Para nós, ao contemplarmos o céu, sentíamos despertar em nossa intimidade os mais estranhos sentimentos. Na nossa inconsciência, sabíamos do tamanho de nossa queda, sabíamos o que deixáramos para trás. Rebelados que éramos, despertávamos o ódio em nossa intimidade contra o Criador. A Terra era o maior castigo que se poderia infligir-nos. A Terra, berço dadivoso para novas oportunidades, representou para nós, e ainda representa para muitos, a penitenciária, a punição. Daí vem o grande sentimento de apego que temos muitas vezes pelas coisas materiais, pois nossos espíritos, traumatizados, ainda temem por novas perdas.

Espero, com a ajuda de todos, continuar relatando minha caminhada, recuperando-me, para que possa, mais uma vez, merecer a bênção do esquecimento na carne por meio da reencarnação.

Hoje, desperto-me para a vida, com vistas a comprometer-me novamente, sob a égide de Jesus, com o trabalho de consolidar o reino da paz neste mundo, que agora passo a respeitar e ao qual procuro servir.

Bartiara

25

Terra o planeta prometido

Por misericórdia divina, recebo a concessão de continuar a relatar aos amigos a minha trajetória espiritual. Acredito que esse momento é não só de extrema importância para a minha recuperação, mas também para servir de exemplo aos amigos que se encontram matriculados na escola terrena e que, infelizmente, não têm conseguido, ou mesmo podido, valorizar e proporcionar sua autolibertação rumo a novos horizontes.

Muitos companheiros que lerão esses relatos são almas a nós vinculadas, quer pelo parentesco de família espiritual, quer por afinidades, que, por imaturidade, vivenciam os mesmos dramas. Nenhum de nós pode se eximir das responsabilidades assumidas ao se vincular às forças da rebeldia, da revolta, do orgulho e do egoísmo injustificáveis, o que nos fez cometer faltas graves, considerando que somos conhecedores das leis divinas e fomos iniciados na vivência do amor em outras paragens universais.

Nossos relatos merecem a atenção de todos aqueles obreiros do Senhor, independentemente do credo religioso a que estejam vinculados, pois, neste momento, pouco importa qual a nossa escola religiosa, sendo essencial nos posicionarmos frente às fontes superiores da vida, na condição de filhos de Deus, destinados a uma caminhada rumo à perfeição.

Ao iniciarmos esses relatos, fomos submetidos a uma série de medidas preventivas de defesa, visando ao nosso resguardo, bem como ao de toda a equipe de cooperadores, que, anônima ou ostensivamente, assumiu as responsabilidades de sacudir as estruturas do mundo, permitindo que a nossa vivência e a nossa experiência no erro possam servir de alerta a trabalhadores imprevidentes. Estes, muitas vezes por ingenuidade, julgam que, ao se vincular a um credo religioso, são abertas, a eles, as portas para a caminhada espiritual segura.

Sou um espírito que, outrora, comprometeu-se com as forças criadoras da vida, mas, infelizmente, matriculou-se na escola do mal, pagando, desnecessariamente, um tributo pesado que tem me custado dores intensas para alcançar a libertação.

Aproveito essa ocasião, também, para informar aos irmãos que o mundo de trevas e seus dirigentes espreitam nossas iniciativas, tentando intimidar a todos que estão militando no processo deflagrado por Jesus de elevar o planeta Terra à condição de mundo de regeneração. Por isso, é preciso que homens de boa vontade, conscientes de suas responsabilidades perante os poderes superiores, assumam suas posições para esse combate. Não nos importemos com as investidas e ameaças. Avancemos, sim, com a certeza e a confiança de que o Mestre Jesus vai à nossa frente.

Hoje, minha cabeça é colocada a prêmio nos agrupamentos e domínios espirituais inferiores que tive a infelicidade de servir. Recebi investidas maciças, no sentido de vincular-me ao grupo trevoso novamente, pois sou detentora de conhecimentos na área psíquica que me conferem autoridade perante meus antigos companheiros, independentemente do rumo que possa dar a esse saber. Felizmente, fui recuperada e convocada novamente a trabalhar pela edificação do bem geral e pela erradicação de todo o mal existente, ação esta fomentada por seres matriculados na Terra para que pudesse auxiliar no progresso e no aperfeiçoamento das almas.

Minha deportação não foi imerecida, como já tive a oportunidade de relatar. Durante um tempo que não posso calcular, estive internada em um mundo transitório, próximo ao planeta Terra, em estado de hibernação, que se assemelha a uma morte do espírito, se isso fosse possível. A misericórdia divina nos proporcionou um longo período para que nos adaptássemos ao magnetismo da Terra.

Após inúmeras adaptações em nossa organização espiritual e psíquica, pudemos, então, estagiar na erraticidade terrena, o que nos proporcionaria o reinício de nossa caminhada rumo ao aperfeiçoamento.

O grupo de exilados era numeroso, procedente de diversos orbes e sistemas planetários além do nosso. Éramos envolvidos por um ambiente hostil e, à medida que nossas inteligências eram despertadas, sentíamos na intimidade o preço de nossa insubmissão. Doravante, a Terra seria a nossa morada e era preciso participar de sua construção, trabalhando para esquecer as desventuras que experimentávamos.

Sentíamos necessidade de materializar na Terra ambientes que relembrassem nosso hábitat. Nossa trajetória ocorreu às margens do rio Nilo, no continente africano, terra que muito se assemelhava, em sua geografia, ao nosso orbe de origem. O delta originado pelos meandros do rio nos trazia uma vaga lembrança do berço de origem espiritual e, vivendo em tribos de homens primitivos, aos poucos foram despertando entre nós as lideranças, descongelando os valores conquistados no passado. Com muitas lutas e sacrifícios, fomos construindo o berço daquela civilização, o qual, ainda hoje, desperta nas criaturas o respeito e a admiração.

A civilização desenvolveu-se, oferecendo inumeráveis oportunidades àqueles que se dedicaram à sua construção. Ao edificarmos as pirâmides, pudemos retratar nossas habitações em sua estrutura quase original. O conhecimento da manipulação energética muito nos favoreceu, e, hoje, relembrando essas construções, percebo a presença do Cristo atuando em nosso benefício.

Tive a oportunidade de me tornar sacerdotisa do templo, graças aos meus conhecimentos transcendentais. A paranormalidade facultava-me o convívio com irmãos de nosso orbe, que investiam em nossa civilização com o propósito de que o nosso degredo fosse atenuado em sua duração. Aquelas realidades espirituais somente eram tratadas nos templos iniciáticos, na presença de criaturas amadurecidas espiritualmente para aceitar aquelas revelações.

Éramos um povo decaído, com promessas de redenção graças aos valores que pudemos conquistar. Tínhamos cuidado especial por nossos iniciados, defendendo-os de qualquer dificuldade que pudessem encontrar pelo caminho. A concepção do Deus único, da pluralidade das existências, dos mundos habitados, da mediunidade, da reencarnação, bem como dos conhecimentos das leis morais, era reavivada em nosso espírito, alegrando-nos o coração mesmo nas noites em que mirávamos o céu e contemplávamos a constelação de *Orion*, tão distante de nós.

Trabalhando com muito empenho para o bem geral e, tendo por nossos companheiros primitivos o devido respeito, fomos conquistando novas oportunidades e consolidando nossa posição de civilização espiritualizada. Em solo egípcio, encontramos a bênção do trabalho e da renovação. A influência que exercíamos uns sobre os outros era positiva, até o momento em que passamos a receber o assédio dos opositores do bem, que despertaram em nós o desejo de dominar, insuflados por aquele que se colocara como seu líder.

A sede de domínio e a sede de poder estabeleceram, para os egípcios, as dinastias arbitrárias e déspotas, tendo sido o povo deixado de lado. O sofrimento abateu-se sobre todos, inaugurando tempos de muitas dores, em que a liberdade foi banida e passamos a vivenciar a escravidão. Naquelas horas, passamos a vivenciar um estranho encantamento, semelhante ao da serpente, que domina sua presa por meio da hipnose.

Faraós cruéis exerceram seus reinados em nome do despotismo, da exploração e da dominação.

Sob a dinastia de um desses faraós, Tutmés l, recebemos em nosso meio a presença de um emissário do Cristo, Moisés, que viera com a missão de resgatar o povo hebreu da escravidão egípcia e de trazer a lei de justiça à humanidade.

Eu, porém, não consegui resistir aos encantamentos do povo hebreu e, por ocasião do êxodo, acompanhei por algum tempo aquele povo em busca da sonhada promessa da terra da promissão. Embora tendo inúmeras oportunidades reencarnatórias junto ao povo egípcio, não me considerava uma representante da raça e, durante a peregrinação pelo deserto, atuei como orientadora de muitos companheiros que viam em minha mediunidade a possibilidade de alívios e de esclarecimentos para suas dores. As dificuldades daquele povo eram inúmeras e, muitas vezes, o desespero tomava conta do grupo, o que, muitas vezes, gerava motins, os quais exigiam do condutor do grupo adoção de medidas austeras e disciplinadoras.

Aquele povo, embora trazendo no coração a fé no Deus único, era portador de uma dificuldade que nos distancia do supremo Pai: o orgulho. Julgavam-se seres superiores e, por isso, quando seus sacerdotes tomaram conhecimento de minha condição de sacerdotisa do templo, levaram-me a julgamento. O que até então havia sido para meu espírito uma paz, passou a ser um inferno sem fim. Fui aprisionada, humilhada, violentada e torturada até chegar a avançado estágio de loucura.

Sentia despertar em meu íntimo novamente o ódio e a revolta. Sentia-me novamente abandonada pelo Pai e por Jesus. Por que não vinham ao meu encontro? Por mais que me esforçasse, não conseguia me sintonizar com os orientadores espirituais e não conseguia raciocinar direito, envolvendo-me em pesadelos sem fim.

Mantiveram-me prisioneira em uma caverna para que, por meio de morte lenta, servisse de punição exemplar. No auge de meu sofrimento, totalmente descrente em Deus, introduziram naquele ambiente um jovem de rara beleza, que fora condenado por sua conduta política ao incentivar rebelião entre o povo descontente com o seu líder, pois já se cansavam daquela peregrinação sem fim. Enfraquecida como me encontrava, pude conviver com esse jovem por algum tempo e, no extremo de meu sofrimento e me reapossando de minha memória espiritual, reconheci nele meu amado filho Irineu.

Sim, também exilado, condenado e contaminado pelo ódio, estava ele ali, em frente a mim. Não pude articular nenhuma palavra. Ao contato com essa realidade, sucumbi e vim a despertar no plano espiritual totalmente transtornada por aquela revelação. A partir daquele instante, os apelos inferiores, do séquito de Lúcifer, fizeram-se mais insistentes e ininterruptos, convocando-me à desforra contra aquela gente, que, em meu ponto de vista, era criminosa. Novamente, unia-me ao príncipe das trevas com propósitos de vingança, novamente as conquistas ficariam no passado, novamente invertia a situação ao comprometer-me como perseguidora do bem.

A lei mosaica fora trazida conforme a programação divina e, durante milênios, travaram-se, no seio da humanidade, lutas cruéis e sanguinolentas, nas quais cada povo buscava consolidar sua supremacia racial. Os homens da Terra certamente sofreriam a ação devastadora das criaturas emigradas de outros orbes em processo de regeneração. Entretanto, a misericórdia divina não se fizera esperar. De tempos em tempos, o Criador enviava para a Terra seus emissários mais destemidos, que, em missão de auxílio e amor, vinham acalmar os ânimos e despertar o coração dos homens para os processos de renovação que os aguardaria no porvir.

Assisti a muitas lutas e guerras no plano espiritual, servindo à legião do desamor. Jamais tive trégua em minha vida, pois meu espírito não mais me pertencia e meus conhecimentos, que eram vastos, serviam para fortalecer aquele que somente me explorava. Consenti aquela situação hipnótica por não conseguir viver a realidade. Afinal, quando estamos vinculados a Lúcifer, perdemos a liberdade de agir e passamos a viver em um mundo de ilusão.

Tudo pertence a ele: o plano de oposição, as estratégias de dominação e mesmo o ódio. Infelizmente, por imaturidade, a ele nos vinculamos, pelo fascínio que exercia sobre nós, pois ele conhecia nossas fraquezas e nossos valores. Seus recursos são inumeráveis, tendo tido, inclusive, a oportunidade de atuar na construção de orbes que hoje se perdem na poeira dos milênios sem fim.

Irmãos, é preciso trazer essa realidade para ser avaliada por vocês. Somente hoje, com a oportunidade que me está sendo concedida, consigo compreender a nossa trajetória evolutiva.

Quantas vezes, meu Deus, irei cair? Quantas vezes irei sucumbir aos apelos de ordem inferior? Até quando, meu Pai, levarei a marca do fracasso e da falência? Quantas responsabilidades de desastres trago em minha consciência? De quantos atentados contra a humanidade terei de prestar contas, a fim de que possa me redimir de faltas tão graves?

Conheci Jesus em outros orbes e convivi com ele, compartilhando Seus ensinamentos e exemplos no dia a dia. Conheci Seu coração, repleto de amor e obediência ao Pai, levando Seu exemplo ao universo, junto a espíritos de Sua envergadura.

Contudo, mesmo com todas essas bênçãos, tramei contra o Cristo, quando de Sua estada na Terra, provocando a epidemia obsessiva sobre a Palestina, com o objetivo de afrontar o meigo Rabi. Presenciei Suas curas e insensibilizei-me frente ao Seu magnetismo benéfico e ensinos salutares, promotores do bem, do amor. Acompanhei Seu suplício na cruz e instiguei os soldados romanos a que jogassem sorte em seu manto de morte.

Ao descer às regiões abismais, após seu desencarne, o Mestre repreendeu-nos, com Sua autoridade, e nos imobilizou, de forma que nossas investidas contra o Cristianismo nascente fossem atenuadas. Gritos de dor chegavam aos nossos ouvidos espirituais quando os romanos, atendendo-nos os apelos, sacrificavam os cristãos nos espetáculos dos circos.

Ao trazer aos irmãos hoje esses relatos, sinto-me cansada e desanimada, pois acordo em mim as lembranças de tanto desatino e cumplicidade com o crime e a maldade. No entanto, agora não posso mais parar, pois a verdade precisa ser trazida à tona com urgência. Fui resgatada pelo Mestre das garras de Lúcifer e poderei, quando estiver mais forte, contribuir para a redenção da Terra. Com fé, poderei auxiliar inclusive o resgate de Lúcifer, este que também é meu irmão e que, da mesma forma em que eu já estive, encontra-se escravizado pelo fascínio do mal e da perversidade.

Em nossa arrogância, convocados por aquele que se intitulava o líder das trevas, chegamos ao extremo de formar um arremedo do colégio apostólico, fundamentado em ironizar o programa do Cristo e combater a Doutrina nascente. Éramos doze em torno daquele que se diz o "senhor das trevas".

Para que possamos ajuizar sobre a realidade, cada um de nós comandava uma centúria de líderes, os quais, por sua vez, comandavam, cada um, uma legião. A multiplicação do mal é algo espantoso e hoje compreendo que somente um coração como o de Jesus, vinculado ao amor do Pai, é capaz de operar a transformação de todos nós.

O tempo passou e, durante aproximadamente 350 anos terrenos, demos trégua provisória ao Cristianismo, devido à ação do magnetismo do Cristo, que ainda agia entre as criaturas, muito embora as lutas e perseguições continuassem por toda a parte. Nessa fase, as lutas mais intensas foram travadas no plano espiritual.

O mundo mudava rapidamente suas feições e as disputas agora ocorriam, supostamente, em defesa do Cristo, pois o homem mercenário descobrira como mercadejar em nome de Jesus e de Sua doutrina de amor.

Deturpações e enxertos, infelizmente, passaram a constituir-se prática entre os poderosos da Terra.

Bartiara

26

Momento de renovação

Queridos amigos, preciso continuar avançando em meus relatos, pois o tempo de que disponho para esse tentame escasseia.

Estou sendo cuidada por espíritos dedicados ao bem, mas ainda tenho muitas dificuldades a superar, pois, relembrando minhas experiências infelizes, sinto enorme desejo de tudo reparar, como se fosse possível recobrar a lucidez criminosa e, milagrosamente, operar a própria transformação em um passe de mágica.

Estar ciente da realidade exige da criatura o desejo sincero de buscar, em sua intimidade, a vontade de se superar, de se arregimentar de todos os recursos disponíveis para se tornar vencedora de si mesma. Nossas mentes, infelizmente, acomodaram-se no menor esforço, aguardando que o Criador, por meio de Suas dinâmicas evolutivas, venha ao nosso encontro, transformando-nos. A lei é cumprida nos mínimos detalhes, como nos asseverou o Mestre Jesus: "Porque em verdade vos digo que até que o céu e a terra passem, nem um jota ou um til se omitirá da lei, sem que tudo seja cumprido"[1].

Estou consciente de que deliberei ferir a lei universal do amor. Hoje, encontro-me frente à minha própria realidade, arregimentando os recursos íntimos para que possa, sob o império da vontade orientada no bem, despertar e trabalhar em prol de mim mesma e dos

1 Mateus 5:18.

corações que prejudiquei em minha caminhada evolutiva, corrigindo, ao peso de muitas lutas e sacrifícios, as maldades, as injustiças e as arbitrariedades que um dia empreitei contra os meus semelhantes.

Fui primorosamente preparada para os misteres do amor incondicional. Convocada para me integrar ao quadro de espíritos de dedicada plêiade da grande família universal, jamais poderei negar que tive muitas oportunidades de realizações dentro dos ditames do amor. Infelizmente, ainda trazemos em nossas individualidades muitas fragilidades, as quais, muitas vezes, desconhecemos, mesmo quando julgamos possuir autoconhecimento.

Quando digo que o tempo se torna cada dia mais escasso para mim, é no sentido de que tenho necessidade de lançar-me ao programa proposto pelo Cristo o mais rápido possível, pois as dificuldades que o planeta atravessa exigem determinação daqueles que se dispõem a trabalhar pelo bem comum.

Minha recuperação perispiritual caminha rapidamente dentro das possibilidades e das deformidades de que sou portadora, sendo tratada de acordo com os recursos que temos disponíveis no orbe. Encontro-me ainda muito debilitada, mesmo depois dos cuidados que tenho recebido. Além da necessidade de acelerar o processo proposto para consolidação do período de regeneração, preciso me lançar ao trabalho para que, no próprio labor, encontre os recursos para esquecer-me de mim mesma. Outra razão porque desejo iniciar a proposta com rapidez é por medida de segurança para toda a programação, pois me sinto ameaçada constantemente, vivendo em sobressalto, estando sendo procurada para ser punida e servir de exemplo para os desertores da causa do mal. Infelizmente, minha mente culpada por vezes ainda se sintoniza com as mentes de meus comparsas que deliberei servir, pois desvinculações dessa natureza são de difícil tratamento. Sinto-me, contudo, amparada por equipe de trabalhadores determinados a tudo empreender para o êxito de minhas futuras realizações.

Convenço-me de que a minha reencarnação é urgente, pois é o caminho para que possa me preparar com maior eficácia para o futuro.

Estive recentemente com Calebe, que me orientou a tomar essa medida com urgência, pois, à medida que acessamos a nossa memória espiritual, retomamos nossa real identidade e, por vezes, esse processo nos causa profundas crises mentais. Por isso, reaver nosso patrimônio espiritual é de extrema importância, pois somente assim temos condição de nos conscientizarmos e mudarmos o rumo de nossa caminhada. Afinal, reforma moral exige autoconhecimento, conscientização e vontade de mudanças.

Calebe, o alegre amigo de sempre, acolheu-me como em outrora. Seu abraço fraternal e seu carinho envolveram-me de tal maneira que me senti abraçada por toda a família espiritual, tal a benevolência e a indulgência emanadas desse irmão. Ofereceu-me, como prova de amor, lindo ramalhete de flores etéreas, colhidas no orbe que um dia se ofereceu para ser meu berço espiritual. Flores lindas, de luminosidade e vida exuberantes, jamais sonhadas pelos mais famosos artistas plásticos encarnados na Terra.

A orientação paternal de Calebe foi de extrema importância para que eu deliberasse tomar essa iniciativa que, confesso aos amigos, foi de difícil aceitação para meu espírito de criatura falida. Reencarnar na Terra sempre foi motivo de medo e de desespero para nossos companheiros de exílio e, com exceção dos egípcios, nós resistimos a essa realidade constante do determinismo em nosso benefício.

Junto a Calebe, Sarah e Arthur, relembrei de minha última experiência no corpo físico. Após meu desencarne de maneira traumática junto ao povo hebreu, vinculei-me novamente, como já mencionei, à falange de espíritos liderados por Lúcifer, voltando a reencarnar aproximadamente 350 anos após o advento do Cristo na Terra. Durante todo esse período, estive a serviço das trevas, dificultando de todos os modos a marcha da humanidade. A cada hora ou período atuando em pontos diferentes do orbe, fomentava guerras e disputas vãs, com o propósito de sempre dificultar a marcha do progresso. "Olho por olho e dente por dente" é a visão do ambiente em que eu vivia. Como não aceitávamos estar nessa morada, impedíamos que seus verdadeiros donos tivessem paz. Insuflar guerras pelos mais infantis motivos era a nossa missão e, como tinha facilidade de influenciar as mentes, passei a ter em meu agrupamento posição de destaque, sendo respeitada por minha autoridade de promover a loucura coletiva das sociedades humanas, por meio do exercício do poder, do sexo e da vaidade.

Assistimos com receio à vinda de Jesus ao orbe terreno. A natureza tornara-se exuberante e a claridade vinda do universo irradiava sobre a Terra, ferindo-nos a retina espiritual. Tivemos que nos esconder nas profundezas do planeta para, de alguma forma, aliviar-nos das influências do magnetismo exercido por Jesus. Esse processo de claridade antecedeu dez anos terrenos à chegada do Mestre entre os homens, mas, para nós que sabemos da realidade do tempo, representou milênios sem fim. Em nossas construções equivocadas, o tempo parece não existir e a vida escoa em lentidão torturante.

O divino pastor aportou entre os homens, aliviando-os em suas dores e cumprindo a promessa de vir ao encontro da grande família espiritual aqui exilada para lutas regeneradoras, reformulando-lhe a lei de justiça pela lei de amor. Viera o Mestre buscar as ovelhas perdidas para o Seu redil de amor.

Não aceitamos estar com o Mestre e, ao contrário, vomitamos todo nosso ódio e revolta em perseguição a Ele e a Seus servidores. Criaturas inocentes foram violentadas no propósito de ofender-Lhe o espírito amoroso e sensível. Lançara-se sobre a Palestina, ao tempo de Jesus, grande epidemia de espíritos obsessores, conhecidos na atualidade como endemoniados. A todos Jesus repreendeu e, com Seu verbo de amor, a muitos resgatou, libertando-os de nossos domínios. Assisti a toda a epopeia do Cristo, sentindo-me levada às raias da loucura ao agir da forma como agia. No fundo, sabia de minha impotência e sentia o desejo de rogar-lhe que me amparasse, mas não tinha forças para isso. Se pudesse voltar no tempo e tocar-lhes as vestes, arrojar-me-ia a Seus pés e pedir-Lhe-ia perdão, encarando Seus lindos olhos de amor e vendo, em Sua retina, refletir a minha alma torturada e infeliz. Ah, como isso teria sido bom para o meu espírito!

Convivi com o Mestre antes das quedas dolorosas, servindo a Seus propósitos divinos em outros tempos. Agora, era sua opositora, embora minha mente não me pertencesse em nenhum momento, porque estava sob um regime de escravidão perverso.

O Mestre se retirou do cenário terreno por meio do martírio da cruz, ensinando, aos inimigos, o amor, ao rogar ao Pai que perdoasse a todos nós, pois não sabíamos o que fazíamos. Jesus esteve em nossos domínios, auxiliando Judas, que se fizera presa fácil de nossas ações e que não se perdoava por ter traído e entregue o Senhor, face aos nossos interesses, por não saber amar. Após socorrer o discípulo por Ele amado, o Mestre esteve no centro da Terra, onde habitávamos, e nos repreendeu. O Cristianismo se implantou na Terra com o sacrifício da própria vida do Mestre e seus seguidores sofreram, nas mãos dos opositores, os horrores do martírio nos circos, na cruz e nas perseguições, com muitas humilhações. Contudo, partiram para o plano espiritual levando em seus espíritos as láureas da vitória e, graças a esses testemunhos, o Cristianismo ganhava, a cada dia, novos adeptos. Ainda sob o magnetismo de Jesus, não conseguíamos destruir aquela crença na imortalidade da alma e nas Suas promessas de edificação do Reino de Deus entre os homens. Quanto mais perseguíamos, mais o movimento tomava corpo e força, sustentando as esperanças dos caídos e dos oprimidos, dos desesperançados e dos infelizes, que se contavam aos milhares.

A Terra, entretanto, com tantas dificuldades, encontrava-se magnetizada pelo amor do Cristo, que sempre lhe endereçou as vibrações de amor e de esperança de um futuro melhor. Missionários compareceram ao planeta, levando a todos os quadrantes a mensagem imorredoura de Jesus. Dentro das leis que regem o universo, tudo estava de acordo com a programação do Pai, pois o Divino Construtor enviara missionários a todos os povos, do Oriente ao Ocidente, com mensagens de amor, de alívio, de consolação e, sobretudo, de esperança à humanidade terrena sobre o futuro glorioso que a aguardava. Muitos desses missionários falharam em suas missões devido às nossas ações insidiosas, que tinham o objetivo de escandalizá-los perante o Pai. Outros muitos se retiraram do mundo deixando a mensagem, mas se sentindo falidos em suas ações.

Paulo de Tarso, o convertido de Damasco, desferiu, no seio de nossa coletividade, o derradeiro golpe, convertendo-se ao Cristianismo. Tornara-se instrumento fiel nas mãos do Cristo, espalhando a Boa Nova aos gentios, considerados impuros e indignos. Sua ação de divulgador do Evangelho garantiria, para a posteridade, o legado da mensagem da Boa Nova e, com essa ação, tínhamos de mudar as nossas estratégias, pois perdíamos terreno a todo instante, já que os cristãos perseguidos encontravam no suplício oportunidade de testemunharem seu amor ao carpinteiro, aumentando-Lhe a popularidade.

Como estratégia de atuação, decidimos parar de atacar a doutrina nascente e começar a atuar junto aos poderosos daquele tempo, de forma que buscassem no Cristianismo os recursos para atender aos seus propósitos e desejos pessoais. Combater o Cristo se tornara tarefa impossível, por isso, como recurso, decidimos aceitar o Cristianismo por meio do poder temporal dos governantes hábeis. No Concílio de Niceia[2], inspiramos Constantino a adotar o Cristianismo

2 O Primeiro Concílio de Niceia foi realizado em 325, na cidade de Niceia, durante o reinado do imperador romano Constantino I. Na ocasião, tida como um momento fundamental para a ascensão da Igreja Católica, deu-se o fim às perseguições aos cristãos por parte do Império Romano, mediante o Édito de Constantino. Além disso, mediante o Édito de Milão, promulgado em 313, segundo assevera Emmanuel, na obra *A caminho da luz*, o Cristianismo ascenderia, alguns anos antes, aos tentames do Estado, isto é, da política.

como a religião oficial do Estado e, com esse golpe muito bem articulado, institucionalizamos a mensagem cristã e mitificamos o Cristo. Nascia, assim, sob as nossas orientações, as hierarquias, os lugares de destaque nas comunidades cristãs e as cruzes de ouro e de prata cravejadas de diamantes. O culto do bezerro de ouro combatido por Moisés instalara-se no seio do Cristianismo, tendo o Cristo como nosso estandarte a abrir caminhos para nossas realizações infelizes. Uma vez institucionalizada a doutrina cristã, nossa influência ficou mais fácil de ser exercida, pois o ser humano é ávido por poder, detentor de vaidade, e o orgulho tomava o coração dos homens incautos com extrema facilidade.

Minha última reencarnação na Terra ocorreu na Província de Sebastes, com a proposta definida de extinguir o último agrupamento cristão[3] que ainda seguia genuinamente as determinações do Mestre em Suas tradições de simplicidade e despretensão. O último golpe de misericórdia foi desferido por mim ao último grupo, cópia fiel da Casa do Caminho de Jerusalém, o qual se esfacelara sob as minhas mãos impiedosas. Em minha tela mental, relembro como me senti vitoriosa ao ver aquela comunidade desaparecer para sempre. Seu martírio era a minha recompensa e me sentia vingada contra todas as injustiças que julgava ter sofrido. Aquele conjunto de cristãos amava e soube exemplificar as lições do Mestre e, com o sacrifício que lhes impusemos, tornaram-se liberados para retornarem aos seus mundos de origem. O amor lhes redimira as dificuldades do pretérito. Hoje, porém, eles saem das projeções de minha memória espiritual e se tornam presentes, declarando-se membros de minha família espiritual. Fico perplexa e não tenho como lhes negar a ação em nome da grande família universal.

******

3 O grupo, a que se refere a nossa irmã, era denominado A Esquina de Pedra. Wallace Leal, em 1975, publicou uma obra, também intitulada *A Esquina de Pedra*, em que narra toda a trajetória do último grupamento cristão primitivo.

Neste momento da narrativa, Bartiara se emociona e sentimos o seu choro de dor ao relembrar a morte dos cristãos na água[4], os quais, no último suspiro, ainda entoavam hinos de louvor a Deus e a Jesus. O médium sente a presença de Wallace Leal, que também está emocionado, bem como muitos espíritos com vínculos profundos com a irmã.

Bartiara sentiu a aproximação de Calebe, que a abraçou e proferiu prece em seu benefício:

Deus, Pai, Criador da vida e do universo, nesse momento em que nossa irmã abre seu coração, dirigimos nossa mente a Ti, para buscar-Te a presença em nossa intimidade, despertando e fortalecendo nossos sentimentos.

Reconhecemos, Senhor, que sem Ti nada podemos realizar e que transitamos dentro de Tuas determinações.

Alegria, Senhor, invade nossos corações nessa hora de confessarmo-nos uns aos outros.

Pai amoroso e bom, oferecestes a nós Jesus, Teu filho amado, para nos servir de guia e modelo. Mas, por nossa infância espiritual, não Te pudemos alcançar os ensinamentos.

Oh, Mestre querido, que recebeu a ingratidão, a indiferença e a rebeldia, semeaste o amor e Te devolvemos as amarguras de nossas almas imaturas.

Por aqueles que Te serviram com amor o nosso preito de gratidão, por aqueles que lhes perseguiram, pedimos a oportunidade do recomeço.

Auxilia, Mestre, a essa irmã que deseja novamente Te servir.

Conceda-lhe a vontade de permanecer firme no propósito de transformação a que se propõe.

---

4 Segundo consta na obra *A esquina de pedra*, de Wallace Leal, esses cristãos desencarnaram por hipotermia, haja vista que foram obrigados, a não ser que negassem suas concepções em torno do Evangelho, a permanecer parcialmente submersos na água por horas a fio.

Nesse momento, em que são lançadas as balizas da renovação planetária em nossa amada Terra, fortaleça-nos os espíritos no desejo sincero de seguir em Tua direção, propondo servir onde formos convocados.

Guarda-nos, Senhor, no Teu amor sem fim.

Bartiara e Calebe

27

Despertando a consciência

O golpe final contra o Cristianismo fora desferido na comunidade de Sebastes e, assistindo ao desenrolar dos fatos em minha memória espiritual, compreendo que é chegado o momento de me conscientizar dos prejuízos daí advindos, os quais impactaram toda a humanidade terrena. Não tenho como me eximir das responsabilidades do referido ataque, embora não tenha agido sozinha ao reencarnar como Otávia e lançar minha fúria assassina junto àquele povo simples e operoso. Por outro lado, não posso me desvencilhar das ocorrências e das consequências que deveria amargar a partir daquele momento.

Ao aniquilar o último agrupamento genuinamente cristão, que seguira fiel aos ensinos da Casa do Caminho de Jerusalém, edificada pelos apóstolos do Cristo, aniquilei quarenta corações vinculados à minha família espiritual, os quais, por amor a nós, exilados, candidataram-se junto às fontes superiores do amor a reencarnarem na Terra. Eles tentaram, nessa oportunidade, levar o Evangelho aos nossos corações, na compreensão de que, ao contato com as lições imorredouras, pudéssemos resgatar nossas consciências rebeldes e amarguradas.

Com a ajuda dos espíritos amigos que no momento me auxiliam – Ermance Dufaux, Maria Modesto Cravo, irmão José, Inácio Ferreira e, principalmente, Eurípedes Barsanulfo –, pude rever, em tela plasmada para esse fim, a personalidade daqueles corações amoráveis em missão de amor. Permitiu-me o abnegado Apóstolo da Caridade colocar-me em comunicação com Prisco, que me induziu a processo de regressão mental até chegar ao momento em que entregaram suas vidas ao Criador, no cumprimento fiel da missão a eles confiada pelo Cristo.

Desprendidos do corpo físico, aqueles quarenta corações foram, um a um, recebidos por Nosso Senhor Jesus Cristo, que se fazia acompanhar por uma plêiade de espíritos luminares. Recebiam do Mestre, assim, a recompensa de lutas sem tréguas que tiveram de travar em solo terreno na tentativa de levar o amor a todas as criaturas, principalmente aos nossos corações rebelados. Todos esses corações, indistintamente, planaram sobre as águas geladas daquele lago que, para os homens, representou o suplício de vidas e, para os planos superiores, o descerrar de mais uma etapa levada a efeito para a edificação do Reino de Deus na Terra.

Após reunir aquela família espiritual, Jesus a todos envolveu com uma prece endereçada ao coração do Pai, lembrando-lhes que não deveriam desistir, pois a promessa que um dia fizera haveria de se cumprir: "Se me amardes, guardareis os meus mandamentos. E eu rogarei ao Pai, e Ele vos dará outro Consolador, para que fique convosco para sempre"[1].

Naquele momento, Jesus com seu cortejo de luz, avançou em direção ao espaço. Dos olhos de Jesus, o peregrino do amor, verteram lágrimas, que, ao caírem no solo da terra, alimentavam as sementes do Evangelho, as quais foram lançadas para o porvir. A humanidade, a partir daquele instante, passaria a viver um período de intensas trevas, que obscureceriam a face do planeta a lhe contaminar a psicosfera por, aproximadamente, 1 260 anos de lutas, sacrifícios, morticínios e ranger de dentes, disputas vãs, em que as maiores atrocidades seriam cometidas em nome Daquele que somente viveu

1 João 14:15-16.

o amor. Os compêndios históricos nos traçam esse período de lutas intensas.

A misericórdia divina jamais desamparou a humanidade, enviando, de tempos em tempos, espíritos missionários com a predisposição de consolar os corações cansados que aguardavam esperançosos as balizas do futuro. A maioria desses servidores encontrou o assédio das forças do mal em seu caminho, tendo, muitos deles, desviado para o vale de desditas terrenas.

O momento me permite apenas lamentar tais ocorrências e me inserir como coparticipante de muitos fatos históricos que somente trouxeram prejuízos a todos nós.

A loucura coletiva tomou conta da humanidade e, à medida que o homem enlouquecia em sua ânsia de poder e de dominação no solo terreno, nas regiões espirituais do planeta, construímos nossas fortalezas, onde recriamos os ambientes de nossa origem infeliz, escravizando as mentes humanas na satisfação de nossos caprichos. A cada edificação, rejubilávamos por afrontar o Criador, pois, em nossa loucura, sentíamo-nos satisfeitos.

Nossa meta era despertar nos corações humanos seus instintos animalizados, com o intuito de nos manter nutridos no ódio, na violência e na insensatez. Em nossos desvarios, criamos castelos mentais, frutos do orgulho, da vaidade e do egoísmo, tão próprios de nossas personalidades doentias, os quais eram alimentados pelos elementos fornecidos pelo homem, que, em sua rebeldia, contribuía para as nossas construções infelizes.

O combate não parecia ter fim. Nossa ânsia em agredir Jesus continuava em nossos corações, pois nos julgávamos desprezados por Ele, principalmente nossa coletividade, comandada por Lúcifer, que se intitulou o príncipe das trevas em antagonismo a Jesus, o Príncipe da Paz. Em nossa mente, estava sempre o mesmo sentimento de perda, desprezo e desilusão. Ao participarmos de tantas construções em benefício do cosmo e nos aprimorarmos nos domínios da manipulação energética capaz de criar mundos, recebemos o degredo na Terra, que, para nós, foi considerado uma traição. Afinal, se em nossas origens não pudemos desfrutar da felicidade que julgávamos merecer, também não nos interessava ser felizes em um mundo primitivo e rudimentar, como era a Terra. Considerávamos essa morada a "latrina do universo".

Guerras e mais guerras sucederam-se no cenário planetário, mas, como a misericórdia divina não desampara Suas criaturas, Jesus intercedeu em benefício da humanidade, promovendo o que os historiadores consideram o maior enigma a ser desvendado: o feudalismo, período de servidão moral verificado principalmente entre os séculos VIII e XII. Com essa iniciativa, o Cristo promoveu o retorno das almas à vida no campo em pequenas comunidades que, ao contato com a natureza, encontravam a trégua para os espíritos, cansados de tantas lutas. Relembrar os ambientes de origem, na simplicidade que possibilita o combate ao egoísmo e à ânsia de dominação, era o objetivo desse programa do Cristo.

Dentro da programação divina, Jesus enviou à Terra seu discípulo Francisco de Assis, que teve por missão exemplificar o amor e criar a ordem dos franciscanos. Esta, a partir de sua exemplificação no bem, agiria como célula multiplicadora do amor.

Novamente, contudo, as trevas contra-atacaram a iniciativa de Jesus, consolidando o tribunal da Santa Inquisição, com Gregório IX à frente. Esse foi um período de escuridão e de horrores perpetrados em nome do Cristo por seus opositores, e é dispensável relatar os horrores infligidos aos corações humanos.

Apesar de tudo isso, a humanidade caminhava em sua marcha evolutiva, aprimorando-se e haurindo lições de grande significado dentro do sofrimento. Afinal, sempre existiram corações que dedicaram suas vidas à construção de um novo mundo, de forma que o homem da Terra, seu legítimo dono, passasse a merecer as conquistas dos períodos históricos que lhes descortinariam novas perspectivas. Assim, vimos nascer no Velho Mundo a Reforma Protestante e o Iluminismo. Vimos a Inglaterra e a França se oferecerem como berços da liberdade das criaturas. Com a Revolução Francesa, particularmente, lançaram-se as bases para o porvir que influenciaria todo o orbe no lema "Igualdade, Liberdade e Fraternidade".

A tudo isso assisti, tentando influenciar negativamente a humanidade, com o objetivo de dificultar sua marcha do progresso.

Combater e vencer: esse era o nosso lema. Não amávamos a Terra e não queríamos que seus donos a amassem também. Todavia, com o espiritismo, vimos nascer um novo período para a humanidade, o qual trouxe em seu bojo esperanças para as criaturas da Terra e ameaças para nós. Com o advento da Terceira Revelação, a promessa do Cristo se cumpriu em sua essência e, com isso, novas estratégias deliberamos tomar.

Vimos nascer a Doutrina Espírita no seio da comunidade parisiense, berço da Revolução Francesa, terra generosa e de gente afetuosa. Com habilidade, nossas teias foram lentamente sendo lançadas sobre as agremiações nascentes e, aos poucos, a Doutrina, que prometia tanto para o Velho Mundo, era por ele desprezada. Assim, ganhávamos mais uma batalha contra o Criador.

Entretanto, Jesus, operário fiel ao Criador, transplantara a árvore do Evangelho para a América, tendo o espiritismo encontrado, em terras brasileiras, as condições propícias para germinar. Assim, nessas terras, a codificação se espalhou, pois, embora tivesse de enfrentar muitas lutas e vencer muitos preconceitos, aqui, não faltariam corações predispostos a servir à Doutrina, pois estes haviam se comprometido junto a Jesus a trabalhar em favor de sua divulgação.

Pelo próprio curso da história, o Brasil ofereceria berço para a reencarnação de espíritos redimidos, que, com as conquistas hauridas no Velho Mundo, no campo da intelectualidade, foram aceitos pelo Nazareno como os trabalhadores da última hora.

Iniciada essa obra, entro novamente em ação, de forma que meus recursos de conhecedora dos escaninhos mentais seriam acionados para influenciar as agremiações espíritas brasileiras. Valendo-me dos fatores culturais e da mistura das raças, que geravam o sincretismo religioso, tinha eu a certeza de poder influenciar os brasileiros para que a Doutrina fosse deturpada em seus postulados. Os ataques não cessaram e, no seio da Doutrina Espírita, encontramos grande parte de criaturas exiladas de outros orbes. Dentre elas, pudemos combater as que estavam comprometidas em suas propostas de servirem à causa espírita. Esse combate às agremiações era feito por meio de ações muito sutis e de fácil manejo: despertávamos o personalismo, a sede de poder, a vaidade de dirigentes imaturos, o orgulho por meio dos melindres. Até há pouco tempo, buscávamos, com relativo sucesso, tornar a agremiação espírita uma cópia fiel do Vaticano, ou seja, uma instituição rica e inoperante, que tinha seus órgãos unificadores desagregados e desacreditados.

Recebemos de nossas lideranças a missão de fomentar, no seio da Doutrina Espírita, as discussões da pureza doutrinária, incentivando polêmicas estéreis sobre a filosofia e a ciência espírita, realçando a Doutrina como religião institucionalizada, para sua desmoralização. Essa ação, levada a efeito, encontrou nos corações o adubo suficiente para retardar a marcha do progresso. Enquanto se discute sobre ser ou não ser, o Evangelho de Jesus é trazido nos lábios dos profitentes e desprezado nas ações diárias daqueles que conduzem as agremiações tidas como cristãs. E isso tudo se dava em nome do Mestre Jesus.

Institucionalizar novamente o Evangelho, construir templos de pedras, limitar-se ao assistencialismo aos miseráveis e desprezados da sociedade, despertar a sensualidade entre os espíritas e aniquilar a mediunidade, esta era a trama a que nos propusemos e que, infelizmente, logramos êxito em realizar.

Eu atuava particularmente na área da mediunidade, bloqueando as mentes e permitindo a interferência de espíritos sagazes no controle das atividades mediúnicas. Com isso, os grupos se tornavam improdutivos e desmotivados, pois, sem mediunidade espontânea, é impossível manter intercâmbio salutar.

Nossa programação conseguiu atuar com êxito, pois, nos corações dos espíritas, encontramos a falta de fé e do conhecimento dos postulados doutrinários. Afinal, muitos espíritas são verdadeiros Tomés, que somente acreditam no que veem... e ainda com ressalvas.

A despeito de todas essas ações, Jesus, no limiar do terceiro milênio, convocou, no plano espiritual, servidores animosos, concitando-os a iniciar a marcha da regeneração da humanidade, por meio da congregação de corações reencarnados e desencarnados que acreditam que o momento de agir é agora.

As iniciativas tomadas no mundo espiritual visam ao despertar da Doutrina dos Espíritos na consolidação da Era do Espírito, contando com todos os corações consagrados ao bem, em ecumenismo jamais visto em defesa do bem e do amor.

Narro aos meus irmãos esses fatos, contrários à instalação da nova ordem, assumindo minha participação neles.

Porém, fui resgatada das trevas e, hoje, encontro-me entre as equipes espirituais especializadas em missão de resgate, oriundas de vários quadrantes do universo, que buscam, por meio da mediunidade de parceria com os encarnados, assumir o compromisso de trabalhar nos abismos, resgatando corações endurecidos no mal e controlados por forças hipnóticas, as quais lhes tornaram escravos. Contarei com mais detalhes meu resgate e o convite que recebi de Jesus para que possa ter de volta a dignidade de agir como uma filha de Deus.

Da mesma forma como servi ao mal com tanto empenho e eficácia, um dia, servi também ao bem com o mesmo empenho. Por isso, acredito poder devolver a mim mesma a condição de cidadã do universo, comprometendo-me definitivamente com o bem do meu semelhante.

Se olhar para trás, não caminharei, devido a meus pesados débitos, que ainda não sei como quitar. Da mesma forma, se pensar somente no futuro, temo por novas quedas, pois hoje sei que somos potencialidades do Criador e que ainda trazemos, em nossas individualidades, fragilidades que muitas vezes desconhecemos. Fiquemos, portanto, com o pensamento de que, para Deus, o passado e o futuro são o presente.

Agradeço por este momento aos espíritos amigos que tanto têm buscado reencontrar-me, em especial àqueles que recentemente feri com o sacrifício de suas existências: Martin Luther King, Ghandi e princesa Diana. Esses espíritos, ligados ao coração de Jesus, aprenderam a amar e a servir com a própria vida. São leais ao Mestre e hoje se rejubilam e se comprometem a estar novamente reencarnados ao meu lado, servindo-me de esteio e contribuindo para o triunfo do bem na Terra.

Jesus, estende-me Suas mãos e eu, humildemente, coloco-me na condição de servidora.

Eis-me aqui, Senhor.

Bartiara

28

O programa do Cristo

Sinto-me envolvido por um magnetismo especial, pois a imagem do Cristo envolve meu campo mental. Faço uma oração, rogando ao Mestre a tranquilidade e o equilíbrio, com vistas a me manter o mais fiel possível a essa oportunidade ímpar.

Meu corpo está no ambiente físico, mas meu pensamento e meu espírito se encontram no Hospital Esperança, onde sinto a presença alegre de Ermance Dufaux, Dr. Inácio Ferreira, Dona Maria Modesto Cravo, irmão José e Eurípedes Barsanulfo, o apóstolo da caridade.

Dr. Inácio Ferreira se encontra com seu perispírito iluminado, pois com certeza este se trata de um momento solene, que nos traz profundas reflexões acerca do espírito.

Bartiara entra na sala, vestindo uma túnica alvinitente e translúcida e tendo a cabeça adornada por um véu de rara beleza. Enquanto me preparo para recebê-la, música sublime harmoniza o ambiente, tocando os nossos corações, e sentimos a necessidade de chorar, não em um pranto de dor, mas sim de gratidão por esta hora de novas oportunidades. Sentimos que o momento é de despedidas.

Eurípedes Barsanulfo profere sentida prece e flocos de luz nos tocam a pele, revitalizando-nos. Em seu gabinete, em tela de grande proporção e plasmado, vemos o globo terreno a girar no espaço, maravilhoso, cristalino, e vislumbramos todos os continentes. O azul dos oceanos e dos mares tornam a imagem ainda mais sublime e admiramos a natureza na vegetação retratada. Para nossa surpresa, a Terra se encontra suspensa no ar e se movimenta até flutuar nas mãos de Jesus, de cujos olhos sai um feixe de luz, o qual é projetado para o planeta, iluminando-o por safirina luz. O Cristo ama esse planeta e deseja vê-lo transformado. Neste momento, a emoção nos toca o coração e fica difícil conter as lágrimas, que insistem em cair. São lágrimas de gratidão e de esperança.

Bartiara se aproxima de nós para o ditado, sustentada pelos amigos espirituais.

******

Hoje, sinto-me mais próxima de Jesus, tendo a misericórdia divina a sustentar-me, conferindo-me novas forças e devolvendo a meu coração a esperança de um futuro de muito labor e reconquista da paz. Sei que a jornada será longa e áspera, pois tribulações sem fim me aguardam. Terei, ainda, de prestar testemunhos para que possa consolidar, em mim, a condição de espírito redimido.

Sinto-me retornando à Casa Paterna, tal como o filho pródigo na passagem contada por Jesus. O Cristo vem ao meu encontro, feliz, oferecendo banquete e música em nome de nosso Pai Celestial. Fui convocada novamente a servir nas fileiras do bem na Terra e reencarnarei nos próximos dias. Minha adaptação à organização física exigirá, tanto de mim quanto de meus futuros pais, muita coragem e provas de amor.

Após ser submetida a intervenções cirúrgicas em minha organização espiritual aqui, na esfera extrafísica, entrarei em sono letárgico, quando meu perispírito será reduzido e preparado para ser amorosamente inserido no ventre de minha futura mãe. Por dificuldades minhas, será uma gestação difícil para todos nós e não lograremos êxito nessa primeira etapa. Ao nascer, constatarão múltiplas deformidades congênitas em mim e, em virtude dessas dificuldades, permanecerei pouco tempo na Terra, desencarnando após alguns dias de contato com a atmosfera do planeta. Minha mãe, ao me fitar nos olhos, irá se mover de íntima compaixão e nossos laços espirituais serão, então, reatados, com suas lágrimas a balsamizar meu coração. De retorno ao plano espiritual, novas intervenções me aguardam, as quais irão proporcionar melhoramento em meu corpo espiritual.

Novamente, retornarei, no mesmo ventre, ao palco da vida, alimentando-me no mesmo seio e sendo por minha família muito amada e esperada. Serei eu a primeira de uma família de três e trarei uma deformidade em meus membros inferiores, a qual, no entanto, não me impedirá de executar a programação destinada a mim.

Gostaria muito de estar reencarnada no Brasil, mas a programação está destinada a atender às necessidades dos países tidos como de Primeiro Mundo. Estarei, assim, de volta ao Velho Continente, palco de muitas tragédias tramadas contra a luz, e meus pais serão espíritas, tendo por missão nos evangelizar, para servirmos ao Cristo daqui a algumas décadas.

Eu e meus irmãos, já adultos, teremos por missão fundar um hospital voltado a atender a alienados mentais no continente europeu. Nossa terapêutica será desenvolvida levando-se em conta o ser humano em seu caráter integral. No Evangelho de Jesus, teremos o remédio e, na Doutrina Espírita, os recursos de cura para os transtornos mentais. Receberemos em nossa comunidade espíritos enfermados, que, uma vez recuperados, proporcionarão o saneamento do globo. Nossas iniciativas chamarão a atenção dos "poderosos" e atrairemos os olhares do mundo para a realidade do espírito. Até essa fase, os homens amadurecerão, aceitando com mais facilidade a realidade.

Da Europa, nossas experiências alcançarão o mundo e recuperaremos muitos corações enfermos. Nessa época, cuidarei de irmãos de nossa família espiritual, os quais serão resgatados dos vales de miséria e de sofrimento que ajudei a fundar na Terra. Por meio da mediunidade exercida em nome do amor ao Cristo, congregaremos aqueles que, hoje, são representantes do mal e atuam nos Doze Vales de Dores, os quais, em nossa loucura em agressão ao Cristo, fundamos na Terra. São eles: Vale do Poder, Vale da Imundície, Vale da Serpente, Vale da Traição, Vale da Corrupção, Vale dos Suicidas, Vale das Drogas, Vale dos Indiferentes, Vale dos Incrédulos, Vale da Preguiça, Vale da Loucura e Vale da Punição.

A programação que recebo neste momento é a de abrir terreno para que a Terra possa ser saneada, conquistando, daqui a alguns séculos, em definitivo, a condição de mundo de regeneração.

Muitas lutas teremos de travar para sairmos vitoriosos dessa empreitada em nome do amor. Irei à frente e desejo testemunhar a favor de Jesus, afinal, eu sempre O amei, embora tenha me equivocado e caído em faltas graves.

Daqui a alguma décadas, quando os jovens desse grupo estiverem mais envelhecidos e se depararem com uma jovem cheia de ideais superiores e mancando de uma perna, vocês, que me acompanharam de perto, então dirão: "Ali caminha Bartiara". Lembre-se, nessa hora, de fazer uma prece a Jesus, rogando-Lhe forças para que eu possa vencer a mim mesma no amor a Ele.

A todos vocês, que tanto sofreram as consequências de meus atos de insanidade mental e, hoje, conferem a mim essa oportunidade, o meu agradecimento e o meu preito de amizade eterna.

Agradeço, em especial, o apoio e o carinho de Diana, a princesa do amor.

Que Jesus nos fortaleça hoje e sempre!

Bartiara, a serva do Cristo

29
Convite de amor

Que a paz e o amor de Jesus estejam em nossos corações!

Irmãos, esses sentimentos, que por muito tempo deixei de sentir, estão agora sendo relembrados em minha alma.

Pela misericórdia divina, fui resgatada por esses amigos eternos e verdadeiros, abnegados tarefeiros na obra do universo. Como consequência do tempo em que estive mergulhada em profundas vibrações deletérias, encontro-me, hoje, em tratamento ostensivo de recuperação perispiritual, aprendendo a combater, principalmente, as emanações mentais daqueles com os quais acumpliciei enquanto estive cega do amor. Sem a vestimenta da carne, as influências são ainda mais ostensivas, embora tenha a enorme assistência desse hospital bendito. Seu campo vibratório de proteção, as emanações das preces recebidas e, principalmente, as irradiações desses ternos amigos, que compreendem tão bem minha fraqueza e não medem esforços para me ajudar, têm fortalecido o meu coração. Eternamente serei grata pelo que me proporcionam neste pouso de paz.

A partir do momento em que fui resgatada e me tornei merecedora, mais uma vez, da bondade divina, tenho feito reflexões profundas que me ajudaram a compreender o porquê de mais essa queda e de tantos séculos emaranhada em trevas tão profundas. No momento, posso dizer que, quando temos gravado em nossa consciência o conhecimento de verdades imorredouras, com grandes possibilidades para caminhar retamente e, ainda, quando percebemos que trilhamos por caminhos escusos e ilusórios, o Pai nos dá o livre-arbítrio. A dor é tão grande, que nos faz buscar as fugas, as quais não são outra coisa senão um processo de autopunição, tentativa de nos eximir dos débitos contraídos perante a contabilidade divina. Entretanto, começo a perceber que não podemos fugir de nós mesmos.

Estando em tratamento neste hospital bendito, ainda muito debilitada, recebi a visita de Arthur, abnegado irmão, pai e amigo, que, com seu olhar profundamente amoroso, apresentou-me uma programação espiritual para a qual eu estava sendo convidada a participar. Naquele momento singular, um sentimento que não consigo definir invadiu-me o peito. Fiquei paralisada pela emoção e, diante daquele olhar terno e amoroso, chorei copiosamente. Sentia-me ainda muito endividada perante Deus, nosso Pai, para receber tamanha ajuda e sair das trevas para as quais me entreguei voluntariamente. Maior ainda foi a emoção sentida ao receber, novamente, o convite daquele amigo afetuoso e bom, que me fez recordar no mais íntimo de meu ser o tempo em que habitávamos aquele magnífico orbe distante e querido.

Disse-me Arthur que, antes de qualquer coisa, era necessário resgatar a autoconfiança e o desejo sincero de fortalecer o íntimo. Equilibrei-me do pranto, sentindo sua vibração de amor e carinho por mim. Após algum tempo, falou-me o querido amigo que o convite continuava a ser do Cristo, que nunca deixou de nos amar, vendo nossas quedas como parte de um processo de crescimento, e que, por isso, devemos nos posicionar também perante a vida, buscando curar as nossas feridas com o trabalho. Informou-me do trabalho de resgate de vários companheiros que, assim como eu, ficaram tanto tempo equivocados no mal, deixando-me muito emocionada, pois pude perceber que aqueles laços afetivos, há tanto interrompidos, não haviam sido esquecidos.

Falou-me, ainda, da existência de um grupo encarnado que recebia o tratamento adequado para atender as demandas espirituais que se descortinavam, nas quais todos nós estaríamos envolvidos.

Entre os trabalhos, citou o relato de nossas experiências de venturas e desventuras e disse que, no momento certo, eu conheceria toda a programação.

Arthur esclareceu-me, por fim, que esses relatos seriam, na verdade, uma catarse, que contribuiriam para o resgate da minha lucidez espiritual, fortalecendo-me para o regresso à carne em oportunidade de trabalho. Disse que, de acordo com a necessidade e com o crescimento espiritual dos encarnados, muitos poderiam compreender a dinâmica da vida, do universo e do momento de reconstrução das bases na Terra, momento este em que o planeta busca alcançar o estágio de mundo de regeneração. Compreendi aquele convite como mais um voto de confiança do Pai em mim e não pude recusá-lo. Junto a outros amigos, como o irmão Leão, que vem me assessorando mais de perto, estou tendo a oportunidade de rever muitos fatos esquecidos. É o início do resgate da minha memória espiritual.

Agradeço a Jesus, mestre sempre compreensivo, que nos pergunta, como na cura dos dois cegos de Jericó: "Que quereis que eu vos faça?"[1]. Eu, com o coração doendo, mas confiante, peço a Ele que abra os meus olhos para caminhar e trabalhar em Sua seara novamente.

Que Jesus continue nos amparando!

Zaira[2]

---

1 Mateus 20: 29-32.

2 Zaira foi uma irmã resgatada logo após Bartiara. As duas companheiras foram grandes amigas e parceiras em operações junto às trevas abismais. Porém, a amizade entre elas reporta a um dos orbes de Capela, quando trabalhavam juntas em um grupo de trabalhos mediúnicos.

30

Que fazeis de especial?

O médium registra a presença de Arthur, Sarah, Calebe, Wallace Leal e Leão Zálio e informa que sente ressoar no ambiente o registro evangélico, quando Jesus pergunta: "Que fazeis de especial?"[1].

A paz de Jesus, o amorável mestre, envolva-nos nesta hora!

Para trazermos algumas considerações, muito temos de despender no sentido de preparação dos medianeiros, haja vista as dificuldades apresentadas por estes, embora os esforços para qualificá-los não estejam sendo poupados. Muitos têm encontrado enormes dificuldades para demonstrar sua crença nos processos mediúnicos experimentados por eles próprios, o que nos preocupa, uma vez que a dúvida abre espaço para os adversários da tarefa.

Junto ao grupo de tarefeiros dessa instituição, selamos compromisso com a equipe de João Evangelista, que, por sua vez, encontra-se vinculado a Maria, mãe do Mestre, e tutelado por ela, que tem intercedido em benefício de todos nós.

Essa oportunidade de trabalho está sendo oferecida a esse agrupamento por sua semelhança, guardadas as devidas proporções e diferenças de méritos, se assim podemos nos fazer compreender, ao Grupo de discípulos do Mestre, que, vivendo em ambiente áspero e não tendo os recursos naturalmente esperados, ofereceram a Jesus a predisposição em O servir e seguir.

1 Mateus 5:47.

O Grupo dos Doze mostrou suas dificuldades em entender inicialmente a proposta de trabalho e, ainda assim, com esses corações simples, Jesus iniciou a semeadura, entre traidores, negadores, homens de pouca fé, invigilantes e inseguros. Preparados pelo Senhor, ofereceram suas vidas em holocausto para que a mensagem do Evangelho pudesse ser difundida. Com Paulo de Tarso, o convertido de Damasco, verificamos o coroamento da Boa Nova, que foi oferecida como patrimônio da humanidade.

Jesus, junto aos seus doze trabalhadores, reformulou a lei de justiça pela lei de amor e seus discípulos contribuíram para a construção do edifício do Cristianismo. Os amigos, hoje, encontram o Consolador Prometido consolidado, mas precisam com urgência se fortalecerem para "unificar a mentalidade" a respeito dos trabalhos mediúnicos propostos para os grupos desta casa.

Precisamos desenvolver, com muito cuidado, na intimidade de cada um, a crença de que este é o momento de trabalhar intensamente pela libertação de muitos. O processo mediúnico no qual o agrupamento está inserido precisa ficar bem claro e entendido pelos irmãos dirigentes e por aqueles que guardam maiores influências, em decorrência das afinidades, junto a companheiros do grupo.

Nossa missão é aparelharmos o grupo, dotando as equipes mediúnicas dos recursos necessários para o bom desempenho da tarefa programada. Antes da reencarnação, os grupos desta casa assumiram, no plano espiritual, a participação nessa empresa, tendo sido esse compromisso selado em suas cartas reencarnatórias. Ao tempo certo, os corações se reuniriam para, juntos, caminhar em direção à meta proposta pelos planos superiores.

Para consolidar esse compromisso, os irmãos precisam falar e entender a mesma linguagem, ou seja, precisam contribuir para a consolidação do processo de regeneração em curso na Terra. Jesus foi o iniciador desse processo e Seus emissários entre os homens sempre se fizeram presentes, muitos deles tendo sido desprezados e martirizados, dificultando-lhes a execução do tentame. O Cristo, contudo, jamais nos deixou em abandono.

A humanidade precisa amadurecer ainda mais para compreender a gravidade desta hora, na qual Jesus cumpre a Sua promessa ao nos enviar o Consolador que, em época predita, manifesta-se no seio do Velho Mundo, dando nascimento à Terceira Revelação: a Doutrina Espírita.

Allan Kardec, o mestre de Lyon, homem probo e dedicado aos processos educacionais, convence-se da realidade espiritual e se lança como trabalhador incansável, codificando e divulgando a então doutrina nascente. Oferta-a aos homens para que, com ela, possam resgatar o Evangelho em sua feição genuína, lançando sua luz com os postulados doutrinários e desalgemando, assim, a mensagem do amor, conferindo-lhe a condição de código de moral vigente em todo o universo.

Mais à frente, para o solo brasileiro, o meigo Rabi transplanta a árvore do Evangelho, confiando à nação brasileira a missão de celeiro espiritual da humanidade terrena.

É importante lembrar que, para as grandes ideias, fazem-se necessários grandes homens. Para grandes programas, precisam-se de criaturas empreendedoras. Nesse sentido, recordemos o exemplo de Santos Dumont, que, caso não seguisse sua intuição, não teria nos dado o advento do avião. Igualmente, se o homem não tivesse acreditado na possibilidade de ir à Lua, não saberíamos hoje que podemos navegar pelo cosmo.

Da mesma forma, ao assumirem esse roteiro de trabalho em atendimento à programação divina, os companheiros navegam por mares nunca antes explorados, acreditando em suas potencialidades. À medida que o trabalho se sedimenta, novos ângulos são vislumbrados, possibilitando que, futuramente, novas oportunidades sejam oferecidas para que os companheiros possam participar de empreendimentos cada vez mais sublimes e universais.

É a verdade que faz com que o homem se coloque em seu devido lugar, superando suas dificuldades na área do egoísmo e do orgulho.

Disse Jesus: "conhecereis a verdade e ela vos libertará"[2].

Vossos medianeiros carecem de melhor acompanhamento e supervisão, pois necessitam ser tratados tal como os estamos tratando, desvinculando-os de processos mentais que os trazem ainda chumbados à retaguarda de erros e desilusões.

Descortina-se mais uma etapa do trabalho por meio da desoneração dos transtornos psíquicos dos quais os medianeiros, em sua maioria, ainda são portadores, atuando ora como vítimas, ora como algozes. Vencer esses óbices é urgente, pois o futuro nos sinaliza período de grande produtividade para todos.

Para tanto, é preciso fortalecer o grupo dos dirigentes, os quais devem comprometer-se no exercício da função, confiada a maior denodo e fé.

Sim, meus irmãos, a falta de fé de alguns de vocês tem dificultado o andamento dos trabalhos e, mentalmente, tem servido de adubo para que adversários do trabalho atuem junto à equipe de medianeiros, desestabilizando-os.

Nós, os espíritos que formamos o Grupo dos Setenta, somos aqueles que tivemos a oportunidade de ombrear com vocês em outras épocas e que, hoje, novamente, nos reencontramos para, unidos, continuarmos nossa proposta de esforço comum no bem.

O Mestre Jesus, com o Seu magnetismo amoroso, tem nos envolvido a fim de vencermos mais essa etapa para assumirmos outras, por ele já programadas.

Busquem ampliar suas concepções, pois é preciso crescer para fazer a multiplicação. No fundo do pântano, encontram-se corações

2 João 8:32.

valorosos em estado latente, de alta potencialidade criadora, e que, se despertados e direcionados para o bem, podem mudar a face do planeta em poucas décadas.

Não tenham dúvidas do acompanhamento do Mestre, que, de perto, ampara a todos nós, embora muitos não O percebam, pois as dificuldades do dia a dia se constituem como provas difíceis de serem suportadas.

No passado, o ouro e o poder lhes desviaram das sendas do progresso e, iludidos, instituíram em suas intimidades o culto ao Bezerro de Ouro, por longo tempo a ele reverenciando como o supremo benfeitor. Muito serviram a Mamon, disfarçados de servidores do Pai.

Esse passado, meus irmãos, precisa ser liberado para novas vivências. Recuperem o coração para o verdadeiro sentido da vida espiritual, que se constitui de simplicidade e de harmonia.

Queridos amigos e irmãos, a vocês confiamos inicialmente este trabalho e avaliamos como muito positivo os seus esforços e dedicação. As conquistas de seus valores espirituais hoje entram na etapa de consolidação, a qual só é possível de ser realizada na intimidade do ser por meio do trabalho incessante no bem, mesmo que, para tal mister, venhamos a duelar por longo tempo com a nossa personalidade envelhecida nos erros e com a personalidade que surge para suplantar a anterior, alimentada pelos ideais superiores.

Vocês compreenderam inicialmente o alvo deste programa, a ele inserindo-se sem reservas. Suas mentes foram desobliteradas para, na fala dos companheiros espirituais, reencontrarem os tempos de muitas realizações. Contamos com vocês, amigos, para vencermos os "Césares" e dar a Deus o que a Ele pertence.

Grupo de dirigentes, prepare-se para os próximos dias, pois tudo pode ser mudado de uma hora para outra. Cuidem de seus espíritos, oferecendo-se para o trabalho, convictos do que lhes cabe realizar em nome do amor.

O acompanhamento dos médiuns é responsabilidade intransferível e a vocês foi outorgada essa missão, pois precisamos colocar a mediunidade em seu devido lugar e com o seu devido valor. Ajudando aos médiuns, vocês, dirigentes, estarão ajudando a toda a coletividade. Toquem os corações não mais por palavras, mas sim por ações determinadas no bem.

Que o Mestre Jesus nos guarde na paz!

Os Setenta

Calebe

31

A preleção de Calebe

A prece recompõe as nossas energias e alimenta nosso espírito para novos empreendimentos. Após meditar sobre a grandeza deste programa divino, sou convidado a mentalizar todos os trabalhadores desencarnados que fazem parte desta equipe, os quais, um a um, aproximam-se de meu campo mental. Meu pensamento vincula-se à mente desses bondosos amigos do Cristo, enquanto música ambiente nos envolve em suave harmonia e em sentimentos de muita paz e alegria.

Percebo, bem definidas em meu campo mental, as figuras ímpar de Eurípedes Barsanulfo e do paladino Bezerra de Menezes. A convite de Eurípedes, aciono o clichê em que registramos a imagem de Jesus.

É noite e estou sendo recebido em um ambiente de inigualável beleza, onde podemos vislumbrar os astros no céu. Estamos em um anfiteatro, construído junto à natureza, que não possui teto. Em seu centro, há uma mesa grande, revestida por uma toalha alva, sobre a qual se encontra um rico arranjo de flores de raríssima beleza. Em torno da mesa, encontram-se assentados espíritos trabalhadores do Cristo, muitos deles conhecidos da coletividade terrena, os quais, segundo os amigos espirituais, é dispensável nomear. A maior parte, no entanto, é composta de espíritos anônimos, caminheiros do bem e servidores do Cristo.

Sobre a mesa, além do arranjo de flores, encontram-se dispostos manuscritos idênticos aos do Evangelho, em sua versão original. Também vemos, em forma de manuscritos, os cinco livros da Codificação. Sou, então, informado por irmão José de que irei trazer uma mensagem, proferida na noite de segunda para terça-feira, no Hospital Esperança[1], por Calebe, também chamado de Estevão, o primeiro mártir do Cristianismo nascente.

A mensagem se encontra em meu inconsciente e, à medida que a escrevo, a memória espiritual vai sendo acionada de forma natural e espontânea. Segundo me informou irmão José, estive no hospital e sou testemunha do grande momento vivido junto aos espíritos, que trazem sob suas responsabilidades as novas diretrizes para a transformação do orbe.

A música é divina, e um coral de crianças faz vibrar positivamente todo o ambiente e nos desperta a sensibilidade. Enlevam-nos seis lindas jovens, que entram no ambiente e desenvolvem uma coreografia de extraordinária harmonia e sincronia de movimentos, que rendem graças ao Criador. É a arte espiritual genuína, com efeitos de luz abrilhantando ainda mais a apresentação.

Eurípedes Barsanulfo, assomando à tribuna, convida-nos a orar, no que é atendido prontamente. Para alegria de todos os presentes, por meio de uma gigantesca tela – na verdade, um tipo de portal transdimensional –, adentra no recinto a figura ímpar de Estevão, que se apresenta como ancião e nos encanta os olhos. Seus gestos são delicadíssimos e sua fisionomia revela, ao mesmo tempo, serenidade e autoridade. Sua veste reluzente, de um dourado com variados matizes, adquire as cores das luzes ambientes. Um a um dos trabalhadores, diretamente responsáveis pela transformação da vida na Terra, vai saindo da tela, como se fosse esta um portal entre duas

---

1 Instituição hospitalar domiciliada no mundo espiritual, coordenada por Eurípedes Barsanulfo e devotada, entre outras finalidades, a receber e a tratar espíritos, que, quando encarnados na Terra, estiveram ligados aos movimentos religiosos / espirituais, entre eles o Movimento Espírita.

dimensões. Entre os presentes, destacamos a figura de João Evangelista e de Maria, irmã de Lázaro e Marta, a nós apresentados, por espíritos vinculados aos dramas da deportação, como sendo Arthur e Sarah, nomes pelos quais são conhecidos nos orbes de Capela, em planetas que enviaram para a Terra uma grande quantidade de exilados[2]. Do centro da mesa, uma luz intensa brilha e ilumina o exemplar do Evangelho, em um momento de encantamento e êxtase.

Estevão faz abertura, saudando a todos em nome do Cristo.

******

Irmãos, o Mestre do amor nos abençoe nesta hora, em que estamos trazendo as palavras do Cristo aos vossos corações.

A mensagem do amor se faz presente há dois mil anos entre os homens, que não podem desprezar esse código de moral universal. Após dois mil anos de lutas e disputas vãs, é chegado o momento de maturidade espiritual dos homens, pois retardar a marcha de evangelização das criaturas é perda de tempo, que resultará somente em prejuízos para a coletividade universal.

A família de Deus anseia por transformações urgentes, pois estamos, todos nós que nos comprometemos com o Mestre a trabalhar em Seu nome, convocados a oferecer o nosso máximo para o estabelecimento de uma Nova Era. Todos os trabalhadores se encontram arregimentados e atendem aos apelos do Mestre.

Encerramos um ciclo longo de trabalhos árduos, iniciado na pessoa do Mestre quando de sua estada na Terra. É chegado agora o

2 No item 37 do capítulo XI de *A Gênese*, é apresentado um movimento do mundo espiritual, onde se aponta que "há, pois, emigrações e imigrações coletivas de um mundo para outro, donde resulta a introdução, na população de um deles, de elementos inteiramente novos. Novas raças de espíritos, vindo misturar-se às existentes, constituem novas raças de homens. Ora, como os espíritos nunca mais perdem o que adquiriram, consigo trazem eles sempre a inteligência e a intuição dos conhecimentos que possuem, o que faz que imprimam o caráter que lhes é peculiar à raça corpórea que venham animar [...]". No item 38, Raça Adâmica, expõe-se de maneira explícita a questão da migração de espíritos para a Terra, posteriormente explicitados por Emmanuel como oriundos de Capela.

momento de resgatarmos a vivência do Evangelho nas relações humanas, pois iniciamos o saneamento de várias regiões espirituais, e o trabalho, a partir deste momento, irá se acentuar com vistas a promover a limpeza dos vales da morte. Começaremos, então, a vivência de um novo ciclo de oportunidades para todos nós.

Para aqueles que já aprenderam a servir, é a oportunidade bendita de demonstrar seu amor à causa. Para aqueles que despertam para novas aquisições, é a oportunidade de libertação do cativeiro dos erros clamorosos, momento da promoção íntima para atuarem nas frentes de libertação planetária. Para aqueles outros, que dormem no cárcere da ignorância e da indiferença com as dores alheias, é o momento do despertar.

Nesta nova fase, o Cristo a todos busca despertar, por isso, é preciso que nos armemos nos escudos do Evangelho para essas novas experiências.

Por mais rudes que sejam os testemunhos, não desfaleçamos. Lembremos que o Mestre nos conduz a esse novo ciclo de atividades. Confiantes no Senhor, lancemos nossas embarcações ao mar alto das dificuldades e nossas redes, ao convite do Mestre, serão lançadas para a pesca, a qual será abundante e pródiga. Pescaremos homens, atendendo-os em suas dificuldades e reintegrando-os à vida plena como os obreiros do Senhor que outrora foram. Estamos sinalizando, aos corações devotados, a oportunidade de operar no bem. Quando nossas embarcações estiverem quase indo à pique, entregaremo-nas aos cuidados do divino pescador, encerrando as etapas de trabalho cristão e reescrevendo, assim, a nossa própria história.

Em pouco tempo, a Terra rolará na imensidão sideral, cantando hosanas ao Criador de todas as coisas, à Inteligência Suprema.

Agradecemos ao Pai a gravidade dessa hora, a se traduzir em oportunidades de trabalho.

Confiemos no Mestre e sairemos vitoriosos.

Jesus endereça aos vossos corações os votos de muita paz e coragem para as realizações do porvir.

Paz a todos!

Estevão

Após o encerramento da preleção do benfeitor, a tela iluminou-se e, do céu, caíram pétalas de flores, semelhantes a flocos de neves. Plasmou-se a imagem de Jesus, de corpo inteiro, que caminhava serenamente. Em seguida, o Mestre parou, contemplando aquela assembleia, e abriu os braços, espalmando uma das mãos. Como por encanto, a Terra deslizou no espaço e flutuou rente à mão de Jesus. Era uma Terra límpida, cristalina, de extraordinária beleza, e os continentes, um a um, foram abençoados.

Quando Jesus contemplou a América, o relevo do Brasil pulsou como um coração. Nesse ponto, dos olhos do Cristo, partiram raios de intensa luz, a exteriorizar, para todo o planeta, a legenda: "Brasil, coração do mundo, pátria do Evangelho".

O coral voltou a cantar e, um a um, os líderes espirituais de cada país foram sendo nomeados, e suas imagens foram sendo projetadas na grande tela ao lado do Cristo. Ismael tocou o Evangelho e assistimos a uma transfiguração, a qual não pude registrar, em virtude da elevada potencialidade que dele se irradiou. As luzes reduzidas voltaram à luminosidade natural e, nesse momento, fui tocado no ombro pelo professor Cícero Pereira, que, acompanhado de nosso irmão Leão Zálio, chamava-me a voltar. Além desses companheiros desencarnados que pude registrar, também percebi a presença de um médium do grupo e do dirigente da casa que nos acolhe.

Esse foi o término de uma etapa. Naquele momento, relembramos de todas as experiências vivenciadas com a equipe dessa casa: o início dos trabalhos mediúnicos, o resgate e a história de Bartiara e as mensagens escritas por ela.

32

Convite aos espíritas

Queridos irmãos, esta é uma oportunidade de trabalho ímpar, de grande importância para a nossa reencarnação, porque pode representar a nossa carta de ascensão a planos maiores da vida. Para tanto, precisaremos nos lançar a essa empreitada com dedicação e perseverança, trazendo, no nosso coração, o desejo sincero e ardente de trabalharmos pelo espiritismo cristão e humanitário.

Já não era sem tempo que a iniciativa pudesse germinar, com promessas de libertação pessoal a muitas criaturas valorosas, encarnadas e desencarnadas. Vivemos um tempo da humanidade que merece de todos nós reflexões profundas, um tempo de regeneração. Em breve, este planeta de provas e expiações terá se transformado em um celeiro de bênçãos, oferecendo a todos os corações aqui domiciliados a paz, a concórdia e as possibilidades de alçarem voos maiores.

Trabalhadores da última hora, o momento é este. Muitas lutas terão de enfrentar para que esse ideal chegue a todos os corações indistintamente. Vocês deverão se esforçar para trazer em sua intimidade aquele desejo sincero de amar incondicionalmente, como nos ensinou e nos ensina sempre o meigo Rabi da Galileia.

Jesus, quando aqui esteve, trazendo-nos a Sua Boa Nova, contou com doze corações valorosos. Com eles e os outros companheiros que vieram depois, a mensagem do Cristo vencia obstáculos, perseguições, violências, chegando intacta às nossas mãos. Embora muitos textos tenham sido adulterados, a grande mensagem do amor jamais foi modificada, pois ela é divina.

Nesta hora de grande importância, conclamamos todos os trabalhadores do bem a assumirem a postura de células multiplicadoras, pois "um pouco de fermento leveda a massa toda"[1].

Convocamos todos aqueles que sintonizarem com essa programação a abrirem as portas dos templos espíritas e as portas do coração dos frequentadores, de forma que a mensagem de Kardec possa ser compreendida e vivida sob a égide de Jesus. O Cristo tem nos acompanhado a caminhada e tem nos aguardado pacientemente. É chegada a hora de fazermos a incursão para a nossa intimidade e de compreendermos que o momento é de amor aos irmãos, às criaturas. No entanto, sem o Evangelho do Senhor estudado, entendido, sentido e vivido, essa conquista é impossível.

Ao propor uma tarefa de tão grande amplitude, convocando os corações a se comprometerem com o Evangelho de forma contextualizada, prometemos ajudar a todos que mostrarem essa predisposição a buscar os recursos necessários para vencer as dificuldades, as quais naturalmente se colocarão.

Temos levado nossos irmãos a estar em contato com o coração de Bezerra, de Eurípides e de tantos outros espíritos que amam esta Terra e que nela acreditam. É preciso tirar o véu letárgico que os inimigos do bem colocaram sobre os templos espíritas, os quais, por infelicidade das criaturas, no orgulho e na vaidade, nas questões dos poderes, assim o permitiram. É preciso tirar o véu, meus irmãos. Bezerra nos ensina que esses momentos de dor, dificuldade e incompreensão representam, para nós, a retirada daqueles véus, mas, à medida que rasgamos essas vendas e descortinamos novos horizontes, o mundo que se nos mostra é o da verdade, da paz e do amor.

1 Gálatas 5:9.

Estamos, a exemplo de Jesus, convocando todos vocês a trabalharem com o Cristo nessa empreitada, que, doravante, não terá trégua. É chegado o momento. Todos vocês têm o livre-arbítrio e podereis assumir ou não esta proposta que temos a oferecer. Acreditamos, contudo, que todos sentirão imensa alegria por esta oportunidade de crescimento e promoção espiritual.

Irmãos, tivemos a oportunidade de ver ressurgir a Doutrina Espírita em toda a sua pujança, na mediunidade missionária de Francisco Cândido Xavier, reverenciado por todos nós pelos seus préstimos, não só ao povo brasileiro, mas ao mundo. Esse coração, que tanto trabalhou, logo não estará mais no corpo físico[2]. Cabe, portanto, a cada um de nós zelar por essa oportunidade que nos foi confiada, à qual muitos se imolaram em verdadeiros testemunhos ocultos, para sustentá-la íntegra até os nossos dias.

Quando os inimigos da Doutrina influenciaram a muitos e tentaram abafar o movimento no Velho Mundo, atraiu-se para o Brasil, não somente um conjunto de ações em prol da Doutrina Espírita, mas os seus inimigos encarniçados, dos quais muitos, infelizmente, têm feito morada nos templos espíritas, na figura de pseudossábios, de orientadores, de guias e de mentores.

É a hora da verdade, meus irmãos, e a verdade é essa. Muito temos falado das lições de Jesus. Muito falamos de Evangelho, assistência social, família e mediunidade, mas se fizermos um apurado exame de nossos corações, infelizmente perceberemos que o Cristo não se encontra sempre neles. O intelectualismo tomou conta dos nossos corações e o momento é de torná-los abertos, de amar os inimigos. O momento é de colocar os nossos recursos, por pequeninos que possamos julgar serem, a serviço de todos.

É hora, meus irmãos, de definitivamente consolidarmos a Era do Espírito na Terra e conclamamos a todos vocês. Afirmamos a nossa

2 Essa mensagem foi recebida meses antes da desencarnação do companheiro Francisco Cândido Xavier.

confiança de que todos poderão estar prontos para servir. Em outras oportunidades valorosas, companheiros do mundo espiritual, incansáveis no bem, aqui comparecerão para que possamos elaborar diretrizes que renovarão nossas comunidades doutrinárias desse imenso Brasil. É preciso consolidar o Cristianismo nas terras brasileiras pela vivência dos postulados do Evangelho, na mais absoluta simplicidade e despretensão pela comunidade espírita, como era vivenciado nas primeiras comunidades do Cristianismo Primitivo, na Casa do Caminho, nas comunidades da Galileia, de Betânia e de Cafarnaum, as quais se espalharam por toda a Judeia e depois para o mundo.

Precisamos trabalhar muito. Precisamos renunciar, deixar os nossos interesses e resgatar os nossos próprios corações, sofridos em tantas ilusões.

Os apelos têm chegado ao mundo espiritual de várias fontes, de vários corações. Cícero Pereira, Bezerra de Menezes, Eurípedes e tantos outros espíritos, alguns conhecidos por nós e outros anônimos, têm rogado a Jesus pelo despertar de todos os encarnados mais bem instrumentalizados no conhecimento espírita e prontos para ampliarem a visão. "Quereis trabalhar?" é a pergunta que fazemos. Estão dispostos a renunciar aos seus interesses pessoais pelo coletivo? Estão dispostos a renunciar às tarefas de superfície na casa espírita para trabalhar pelo homem e por sua liberdade, a partir da própria casa espírita em que estagiem? Estão dispostos a permitir Jesus em vossos corações? Acreditamos que sim e os convidamos: sigamos, trabalhadores! Não importa a hora em que estamos sendo convocados, mas sim o fato de sermos trabalhadores de Jesus e podermos continuar nessa tarefa, se assim o quisermos.

Pediremos aos planos superiores que os irmãos dirigentes, que detêm sobre seus ombros imensas responsabilidades, nas oficinas de ideias, à luz da Doutrina Espírita e do Evangelho, possam ser tratados nessas proveitosas trocas que os estudos doutrinários e do Evangelho oferecem.

É preciso que os irmãos tenham no coração a simplicidade, a despretensão e a maturidade para cuidarem uns dos outros, porque é chegado o momento do "confessai-vos uns aos outros"[3], das interações embaladas nos ensinamentos hauridos das passagens evangélicas, para que obtenhamos os recursos necessários para a nossa cura espiritual.

Deixaremos um documento no mundo espiritual, que simbolizará o comprometimento dos irmãos que se sentirem prontos. Por meio da emancipação da alma, decorrente do sono físico, vocês assinarão e se comprometerão espontaneamente com essa grande causa. Esse documento, que constará das tradições do mundo espiritual, será entregue nas mãos de Jesus, de forma que os tarefeiros, no uso consciente do seu livre-arbítrio, tenham força, ânimo e fé para vencer os obstáculos e se colocarem a postos.

Jesus nos guarde, hoje, agora e sempre!

Ermance e Tiradentes

3 Tiago 5:16.

Segunda Parte

33

O atendimento de Aurélius, em sua própria visão

Meus amigos, boa noite! Que a paz esteja em nossos corações.

Desde o resgate, quando se dedicaram em meu favor, desenvolveu-se em mim afinidade intensa e genuína por vocês, cujo empenho e esforço para vencer obstáculos enormes e para exercitarem o amor fraternal para comigo não poderia deixar de me sensibilizar. Então, eu aprendi a amá-los também, com a mesma fraternidade e respeito que dedicaram a mim. Essas energias se movimentaram de tal forma em minha intimidade, que me sinto feliz junto a vocês e a esses abnegados amigos do plano espiritual que, em nome de Jesus, me assistem. Por isso, é muito bom estar aqui. O meu amor e minha intensa gratidão por todos esses esforços que despenderam comigo são sinceros.

Já os prejudiquei nos tempos da insensatez, mas não passa pela minha mente voltar aos desmandos, os quais abandonei na hora em que decidi voltar à Casa Paterna. Deus, nosso Pai, sempre misericordioso, haverá de me ajudar para que eu jamais volte a fazer mal algum, a quem quer que seja.

Agora vou contar, de forma resumida, como foram os dias que antecederam o momento da minha recuperação, naquela abençoada reunião em que eu voltei à vida, à Casa de meu Pai.

Quando Bartiara, minha companheira, foi acolhida pelas bênçãos do amor incondicional do divino Mestre, eu fiquei meio anestesiado, perplexo e confuso. Demorei um tempo para recobrar minha lucidez, porque a ausência dela, para mim, até então, era só mais uma viagem das muitas que ela fazia. Eu não sabia o que tinha acontecido, mas eu sentia uma inquietude e ouvia um grande burburinho em meus antigos domínios, nos quais eu atendia pelo título presunçoso com que me nomeavam: Lúcifer. Naquele momento, eu não sabia e não conseguia acreditar que houvesse forças para uma investida daquela natureza, que culminou com o resgate dela pelos prepostos do Senhor.

Quando percebi que a partida dela era realmente um fato e que seu retorno era impossível dados os termos com que mantínhamos nossa relação naquele ambiente que juntos sustentávamos, me desestabilizei completamente. Afinal, ela não voltaria para aquele que foi nosso domicílio milenar, nas profundezas abismais da crosta terrestre, e não retomaria mais a nossa atuação inconsequente. Enfim, senti que ela tinha encontrado o seu caminho.

A ausência dela gerou um descompasso mental inimaginável em mim, e o cansaço indescritível, que já me atormentava, se tornou insuportável. Como consequência, eu comecei a travar muitas lutas na minha intimidade, em um misto de ódio e clamor.

Eu clamava por ajuda, mas não sabia se o fazia verdadeiramente ou se, simplesmente, a pedia como quem não sabe para que ela serve nem o que fazer quando ela chegar. Também tinha dúvidas sobre se o que eu pedia era realmente o que eu desejava. Vivi, durante esse período, em desorientação e confusão íntima sem fim e não imaginei que pudesse ser acolhido pelo amor de Jesus, nem pensava nisso. Eu queria aliviar o meu cansaço, aquela sobrecarga de angústia, e reencontrar a minha companheira: era um pedido do amor egoísta.

No entanto, quando eu movimentava minha mente nessa direção, forças se agitavam em minha intimidade, como se uma multidão gritasse dentro de mim, e eu percebia *flashs* de momentos de paz. Eram lampejos que balsamizavam minhas dores íntimas, os quais traziam sensações que há muito eu não vivia e nem sabia mais o que eram.

Tamanha minha estupidez, eu, forte, arrogante e poderoso, infelizmente acreditei realmente ser o "senhor das trevas", como se algo neste imenso e maravilhoso universo pudesse ser decorrente de algum de nós, senão do Criador. Assim, me tornei um gigante do tamanho e da largura de cem homens, de fazer medo em quem olhasse para mim. Eu precisava disso, pois a minha autoridade estava no domínio pelo medo, muito diferente da autoridade do Cristo, que está no domínio pelo amor, no jugo suave e no fardo leve, como Ele já definiu.

Somos ainda capazes de acreditar em nosso próprio poder, e eu acreditei. E nessa minha crença, fui percebendo que minhas forças estavam minando, e todos os benefícios que vinham do Alto, em meu favor, me pareciam algemas que me prendiam ao trono da minha realeza falível. Fiquei atado a esse trono quando o Cristo se despediu fisicamente do orbe, há dois mil anos, e passou três noites e três dias nas regiões abismais nos repreendendo. Eu comecei a me sentir preso, mas não pelo Cristo, que não queria isso para mim.

Como afirmei antes, eu clamava e, ao mesmo tempo, não sabia o que queria. As contradições das minhas lutas íntimas foram me algemando àquele trono, sendo este o início da minha maturação, pois, quando cheguei aos limites da minha exaustão, me abri para a misericórdia divina, que há tanto tempo já vinha atuando em meu favor.

Inúmeras vezes a compaixão do Pai me buscou, mas nunca me achava, porque eu estava muito confuso em meus clamores. Naquele dia, entretanto, eu já estava muito exausto e não tinha mais forças. Foi, então, que encontrei vocês. Meu trono foi conduzido àquele pouso de amor e, quando eu divisei o ambiente, houve, em minha alma, um misto de alegria e desespero, porque eu tinha certeza que dali eu não fugiria mais. Sabia, sim, que nenhum dos amigos e benfeitores que estavam presentes naquela oportunidade iria me prender ou coagir, contudo eu não poderia fugir, pois via aquele ambiente como se fosse parte de mim. Foi essa acolhida do grupo mediúnico, sem temores, revanchismos ou estigmas, e a sincera fraternidade que me fizeram tão bem. Senti estar em um ambiente de consistente maturidade espiritual, com o qual eu poderia contar para recomeçar.

Depois de toda aquela experiência infeliz, de milênios e milênios de atuação no equívoco, quando adentrei naquele ambiente, foi como se eu olhasse para mim pela primeira vez, e então me vi, me enxerguei e senti contentamento e, ao mesmo tempo, dor. Eu não sabia o que fazer, mas de uma coisa eu tinha certeza: eu não tinha mais como fugir de mim. Tinha chegado a hora de eu prestar contas diante da minha consciência, de me mostrar tudo o que eu havia feito comigo mesmo. Além disso, eu começava a divisar o que ainda estava por fazer, sendo aquele o momento de aprender como fazer para começar imediatamente, sem detença, a neutralizar os males que espalhei devido à minha inconsequência.

Por isso, pedi naquele dia que não me deixassem dormir, pois queria ser levado para o tratamento acordado já que não podia perder aquele momento de contato íntimo, que há tanto tempo eu anulava e negligenciava. Apesar de muito doloroso, era um contato consciente dos compromissos que eu teria de assumir frente a toda minha trajetória complicada.

Quando eu vi aqueles amigos e a proposta de trabalho a me felicitar, ampliou-se em mim a necessidade de me manter ativo. Não era hora de dormir, pois, adormecido espiritualmente, eu já havia percorrido todos aqueles milênios como um morto-vivo, sem trabalhar nada além dos meus próprios desejos e caprichos. Não posso dizer, no entanto, que não ganhei nada, pois adquiri conhecimentos, habilidades e poder mental pela capacidade de resistência nas disciplinas rudes e intransigentes das trevas. Ganhei força na resistência caprichosa e uma experiência incalculável sobre a vida e as vicissitudes do homem. Por isso, hoje tenho condições de concordar plenamente com vocês quando dizem sermos a obra-prima da criação. Todo esse ganho a que me refiro não foi por mérito, como vocês sabem, e sim porque é incontestável que a Sabedoria Divina sabe proporcionar recursos para a evolução a todos os seus filhos, mesmo que seja por meio dor e de um preço altíssimo e desnecessário, os quais, aliás, são opções nossas. O que aprendi no equívoco é mérito do Criador, que, em Seu amor e sabedoria, transforma o mal em bem, como já ouvi muitas vezes vocês realçarem, de forma muito acertada, nos diálogos das tarefas de intercâmbio.

Era o momento de começar a trabalhar em outras bases, e eu não me permitiria tempo para descanso. Então, apesar de toda aquela grande e autêntica festa, na qual revi amigos valiosos de eras remotíssimas, eu pedi que pudesse recomeçar a vida plena imediatamente. Meu pedido se deu porque eu tinha, em meu coração e em meu pensamento, outros tantos amigos, dos quais me servi naqueles milênios todos. Por isso, em meu íntimo, duas forças se levantavam: a alegria incontrolável por ter reencontrado o caminho, por estar na companhia de criaturas a quem eu tanto amo, pela misericórdia do Cristo, que, além de não me abandonar, ainda me deu uma oportunidade bendita de trabalho imediato, e a consciência que me invadia de que era preciso dar oportunidades aos meus de seguirem meus passos, trilhando a estrada de volta à Casa de nosso Pai Celestial. Refiro-me àqueles com os quais me vinculei, que muito influenciei e nos quais sustentei energias para que se mantivessem escravos dos seus próprios desejos inferiores.

Dessa maneira, eu fui para aquela comemoração me alegrar, mas, acima de tudo, para traçar metas e começar a trabalhar logo em seguida. E assim foi feito. Jesus, com Sua infinita misericórdia e esse incansável amor e paciência conosco, me proporcionou todos os recursos dos quais eu precisava, tanto os físicos quanto os espirituais, para reestruturar meu períspirito e minha mente. Disponibilizou companheiros, seareiros e amigos que já têm tantos trabalhos –pois na grande seara divina há muito serviço – para me encaminharem no bem maior.

Assim, com a permissão do Cristo, esses amigos começaram a me acompanhar até meus antigos domínios para, juntos, irmos, pouco a pouco, dia após dia, reencontrando um a um dos meus amigos queridos ainda presos aos mesmos enganos que me infelicitavam até há pouco tempo. Ainda faltam muitos vínculos do meu espírito para serem resgatados para a Luz e para o aconchego do Cristo, mas, cada um virá a seu tempo.

Eu contei com ajuda especial de Jesus naquele dia porque aquela estrutura gigante que me sustentava se fragilizou no momento em que encontrei comigo mesmo, fazendo com que eu voltasse à condição real do meu maltratado períspirito. Se não fossem os recursos, os quais eu não merecia, mas que recebi pela misericórdia divina por meio de meu clamor, seria o caos completo em meu espírito e eu não poderia trabalhar. Se não fossem esses recursos, eu não teria nem mesmo mantido a lucidez e ficaria vegetando em uma cama por muitos anos, senão séculos, recuperando a consciência só depois de milênios, possivelmente. Contudo, o Cristo, com Seu imenso amor, teve misericórdia de mim, pois Ele sabia que eu realmente queria e precisava trabalhar imediatamente e não no outro dia, não depois de dormir e refazer energias.

Se estivesse por mim mesmo, eu não teria forças, pois o que sobrou do meu períspirito era praticamente uma borra, tamanha a agressão que cometi contras ele. Entretanto, Jesus me alimentou diretamente com energias poderosas do Seu magnetismo sublime, até que eu pude me assentar. Obtive, assim, uma forma humana raquítica, com muitas feridas, mas nada que pudesse me impedir de trabalhar. Foi assim que as coisas se deram e eu comecei a trabalhar no bem.

Observações quanto ao resgate do nosso Irmão Lúcifer

Antes do resgate do nosso irmão Lúcifer, entre nós conhecido atualmente como Aurélius, ele, ainda se considerando "o senhor das trevas", agia desesperadamente em nosso meio, sobretudo, após o livramento de sua companheira, nossa irmã Bartiara, culminando na momentânea desestruturação do nosso grupo de encarnados. O resgate[1] de nossa irmã surpreendeu-o quando ele ainda atendia pelo nome ligado ao título honorífico e, ao planejar vingança com seus grupos os quais estavam em milenar hipnose na rebeldia, Lúcifer viu serem resgatados um a um dos seus auxiliares mais eficientes, aqueles diretamente ligados ao grupo formado por doze líderes das trevas abismais que lhe davam sustentação mental e psíquica há muitos e muitos milênios.

Na noite do resgate, o trono do nosso irmão Lúcifer, hoje Aurélius, foi conduzido pela espiritualidade e introduzido no ambiente de nossa reunião mediúnica. As instalações espirituais de nossa casa tiveram de ser consideravelmente ampliadas em suas dimensões para receber aquela figura de tamanho descomunal.

O resgate do nosso irmão foi realizado da forma mais inusitada, a qual jamais poderíamos imaginar. A programação, sabiamente

1 "Segundo o Espiritismo, os demônios são espíritos imperfeitos, suscetíveis de regeneração e que, colocados na base da escala, hão de nela graduar-se. Os que por apatia, negligência, obstinação ou má vontade persistem em ficar, por mais tempo, nas classes inferiores, sofrem as consequências dessa atitude, e o hábito do mal dificulta-lhes a regeneração. Chega-lhes, porém, um dia, a fadiga dessa vida penosa e das suas respectivas consequências. Eles comparam a sua situação à dos bons espíritos e compreendem que o seu interesse está no bem, procurando então melhorarem, mas por ato de espontânea vontade, sem que haja nisso o mínimo constrangimento. 'Submetidos à lei geral do progresso, em virtude da sua aptidão para o mesmo, não progridem, ainda assim, contra a vontade.' Deus fornece-lhes constantemente os meios, porém, com a faculdade de aceitá-los ou recusá-los. Se o progresso fosse obrigatório não haveria mérito, e Deus quer que todos tenhamos o mérito de nossas obras. Ninguém é colocado em primeiro lugar por privilégio, mas o primeiro lugar a todos é franqueado à custa do esforço próprio. Os anjos mais elevados conquistaram a sua graduação, passando, como os demais, pela rota comum". (*O céu e o inferno*, capítulo IX, "Os Demônios", item 21.)

definida pela espiritualidade amiga, começou pela médium, que era uma tarefeira recente da Doutrina Espírita. Essa irmã vinha semanalmente ao nosso grupo acompanhando companheiros de várias instituições espíritas de uma cidade vizinha.

Ela, recém-chegada ao nosso grupo, serviu à Igreja Católica desde a infância, com muita devoção e dedicação. O convite para ela vir às nossas atividades doutrinárias, feito pelo grupo a que ela se vinculara recentemente, parecia para ela não ter maiores consequências. Porém, quando ela entrou em nossa instituição pela primeira vez, teve igualmente a sua primeira experiência mediúnica diferenciada, isto é, mais clara e objetiva, segundo ela própria, e percebeu a espiritualidade amiga de forma mais ostensiva. Essa experiência lhe causou certo estranhamento, mas não a assustou; parecia que aquela ocorrência já era do conhecimento de nossa irmã e que deveria mesmo acontecer daquela maneira. (Somente depois de alguns anos foi que soubemos, por ela, que seu primeiro momento mediúnico mais ostensivo e bem definido se deu no primeiro dia em que visitou a casa onde se reúne a CARES, a Caravana dos Espíritas Solidários, embora ela já estivesse atuando, mas sem uma programação continuada e claramente planejada pela espiritualidade amiga, na casa espírita que frequentava em sua cidade. Aqueles que a dirigiam naquele momento na tarefa mediúnica e conviviam com ela somente uma vez por semana acreditavam que ela já atuava mediunicamente há muitos anos, na cidade em que reside. Julgavam que ela havia sido treinada por dirigente muito hábil e experiente, tamanha a naturalidade com que se ajustava às premissas rigorosas que são exigidas para um médium atuar com proveito e segurança.)

Essa médium não teve abalo emocional, dúvida ou resistência no início de sua relação objetiva com o mundo espiritual, e sua sensibilidade foi se desenvolvendo de forma muito natural e rápida, o que nos fez perceber que sua experiência como médium é uma faculdade que remonta a outras vidas, isto é, em muitas reencarnações passadas ela desempenhou tarefas espirituais nesse serviço.

Surpresa maior foi quando ela nos informou que o atendimento do nosso irmão, chamado até então de Lúcifer, se deu com a participação dela pelas vias da psicofonia poucos meses após a sua primeira experiência mediúnica entre nós. Ao que nos parece, os amigos espirituais estrategicamente camuflaram nossa irmã médium, resguardando-a para o resgate do nosso irmão Aurélius e de outros irmãos e para outras tarefas que decorreram do retorno de nosso irmão ao seio de sua família espiritual original.

Acreditamos nisso, porque podemos perceber, agora, que todos os médiuns que conhecíamos e que atuaram no resgate do grupo mais próximo a Aurélius estavam sofrendo muitos ataques de perversidade inenarrável que os impediram de continuar nas tarefas mediúnicas de descida às regiões abismais e, especialmente, de auxiliar o nosso irmão, que liderava essa ofensiva junto aos médiuns. Estes acabaram se afastando dessa tarefa bem como grande parte do grupo que operava nessa programação desde o início.

Nossa irmã médium não sabia nada sobre as lutas enfrentadas por nosso grupo, e não conseguia, ainda, registrar os rumores, críticas e vibrações negativas que os espíritos ligados ao nosso irmão Lúcifer dirigiam à nossa agremiação. Isso levou companheiros encarnados vinculados à casa que nos acolhe e por ela muito beneficiados a serem disseminadores desses rumores, críticas e vibrações negativas, envolvendo os integrantes e dirigentes da casa, que nela permaneceram sustentando as tarefas planejadas pelo mundo espiritual. Apesar de seu desconhecimento, logo que começou a atuar na reunião mediúnica, com desenvoltura, disciplina, cuidado e muita responsabilidade, nossa irmã descrevia as suas percepções e os nomes dos espíritos como se ela estivesse participando dessa tarefa desde o início. Os relatos das ocorrências nos atendimentos antigos, no início de nossas tarefas nessa frente de resgates nas trevas abismais, nunca foram informados a ela e, no entanto, suas percepções e relatos casavam-se de uma forma que impressionava.

Foi assim que nossa irmã médium registrou, com naturalidade e fidelidade, a presença de Arthur, Calebe, Sarah, Bartiara, Barnabé, Paulo, Pedro e outros espíritos do Grupo dos Setenta discípulos de Jesus, confirmando, sem saber, a autenticidade das percepções dos outros médiuns que haviam se afastado da tarefa. Aprofundando seu trabalho, ela também percebeu que Maria de Nazaré acompanhada por Catarina de Siena[2], Isabel – a mãe de João Batista –, Clara de Assis e Ilará[3] (a qual somente nos últimos tempos viemos a saber que se trata do mesmo espírito que esteve recentemente encarnado como Teresa de Calcutá) coordenavam as tarefas de resgate dos espíritos mais rebeldes, domiciliados nas trevas abismais das regiões espirituais do planeta.

Junto a esses espíritos de sentimentos maternais muito puros, sempre é registrada a presença de três espíritos amigos, que acompanham, sempre muito diligentes e prestimosos e desde muito antes das últimas deportações para a Terra de líderes da rebeldia e perversidade, os sofrimentos e as dificuldades daqueles que se encontram nas trevas. São eles: Arthur, identificado por nossos irmãos resgatados como sendo João, o Evangelista e, em outros momentos, citado como o mendigo que os visita nas furnas abismais como Francisco de Assis; Calebe, nomeado por eles como um orientador de um orbe de Capela que cuidava deles espiritualmente; e Sarah, que foi, também segundo esses espíritos, reconhecida na Judeia, na época de Jesus, reencarnada como Maria de Betânia, irmã de Marta e Lázaro, o amigo de Jesus.

O espírito que tutela nossa irmã médium desde a época anterior à sua chegada em nosso grupo e que sempre está presente em todos

2 Santa Catarina nasceu em Siena, na Itália, em 1347. Desde criança, tinha recorrentes percepções mediúnicas, tendo tido contato, entre outros espíritos, com Jesus e Maria de Nazaré. Diante de terrível peste que flagelou o país, trabalhou permanentemente em prol dos necessitados e fez parte da Ordem dos Dominicanos. Santa Catarina de Siena, como ficou conhecida, desencarnou em 1380.

3 Ilará é um espírito de alta envergadura que atua junto ao grupo de Maria de Nazaré no mundo espiritual, em especial com espíritos recalcitrantes no mal. Dadas as semelhanças entre ambas, é muito comum que Ilará seja confundida com Maria de Nazaré.

os seus movimentos na tarefa mediúnica é nosso irmão Barnabé, companheiro de Paulo, tio do evangelista Marcos.

Outra situação relevante que nos marcou favoravelmente foi o afastamento em massa de todos os quarenta companheiros do grupo pioneiro nessa tarefa, em decorrência das pressões vindas das zonas abismais. Justamente duas semanas depois, no entanto, chegou ao grupo o mesmo número de novos trabalhadores, que, segundo fomos informados por meio das mensagens recebidas, estavam sendo preparados pela espiritualidade para fortalecimento do trabalho em um segundo momento, o que acabou se concretizando com uma substituição aos irmãos que iniciaram a tarefa e não conseguiram continuar. Essas mesmas percepções registradas por nossa irmã também eram feitas por outra médium, de Belo Horizonte, que chegou à tarefa com esse grupo de quarenta novos companheiros, sem nenhuma possibilidade de uma ter influenciado a outra.

Quando essa segunda médium nos informou que via um trono enorme no qual estava assentado um espírito de tamanho descomunal e que esse espírito estava preso pelas pernas ao trono por ramos de flores, os quais, na visão do espírito, pareciam correntes de aço inquebrantáveis, imediatamente nos lembramos daqueles médiuns que se desvincularam da casa já há alguns anos. Eles haviam descrito o mesmo quadro quando atuávamos nos domínios espirituais de nosso irmão Lúcifer, trabalhando nos resgates dos assessores mais próximos do nosso irmão, a nossa irmã Bartiara e o nosso irmão Caius, designado naquela situação pelos seus pares como "O Profeta".

Nos primeiros movimentos de diálogo com o nosso irmão Aurélius, ele, ao perceber que podia falar através da médium, disse ser o rei das trevas, tentando criar constrangimento e receios em nosso grupo, como é natural devido aos condicionamentos desses espíritos, milenarmente hipnotizados pelo mal e pela perversidade.

Com humildade e sinceridade, buscamos conscientizá-lo de que ele não era o rei das trevas e que apenas se encontrava, transitoriamente, como tal. Dissemos que ele era verdadeiramente uma obra-prima da criação, filho de Deus, criado à Sua imagem e semelhança, com todos os gérmens da perfeição divina em si e a caminho da perfeição inevitável, porque jamais um ser criado poderia transformar-se eternamente em imperfeito, levando o Criador ao fracasso. Isso jamais poderia acontecer porque, a partir do primeiro fracasso de nosso Pai Celestial, o caos no universo se estabeleceria, e essa é a razão de nós o recebermos como irmão, por ser ele filho do mesmo Pai que nos criou. Estávamos recebendo-o de forma fraterna, solidária e respeitosa, por acreditarmos que o acaso não existe e que havia razão, portanto, para ele estar ali, à nossa frente, para um diálogo proveitoso e eficaz, em favor de nossa amizade, de nossa paz e dos laços comuns da natureza que nos une uns aos outros como filhos de Deus, Inteligência Suprema e causa primária de todas as coisas.

Por incrível que possa parecer, nosso irmão se comportou com grande inteligência e respeito em nosso meio. Viu Arthur, Calebe e Sarah e percebemos que eles tinham o seu respeito, porque sempre o visitavam nos seus domínios e nunca o desrespeitaram ou iludiram. Após diálogo proveitoso, Arthur lançou o convite, em nome de Jesus, para que ele fizesse uma pausa em seus projetos e refletisse um pouco sobre as propostas que lhe estavam sendo endereçadas pelo amor do Cristo.

Ao perceber Bartiara bem recuperada, surpreendeu-se com o seu estado de beleza e com a recuperação rápida da nossa irmã, o que o animou a aceitar o convite feito por Arthur em nome da Misericórdia Divina e do poder amoroso de Jesus. Outra surpresa, que certamente muito o animou, foi ver os vínculos mais próximos, seus doze assessores diretos, além de Caius, em estado perispiritual inimaginável para ele, tamanha a rapidez na recuperação e no retorno à forma humana, deixando para trás as hipnoses milenares que imprimiram em seus peripíritos a forma de dragões assustadores.

Assim, Aurélius sentiu-se animado e deixou-se levar por esses amigos e outros de seu antigo grupo, os quais foram resgatados anos antes.

Dessa maneira, nós, muito surpresos, vimos encerrar um triste e doloroso episódio milenar de uma parte dos líderes de nossa sofrida família espiritual, nessa saga evolutiva complexa e cheia de equívocos e contradições[4].

---

4 Em *O Evangelho segundo o espiritismo*, no capítulo XXVII, itens 20 e 21, há interessantes elucidações acerca da imutabilidade da lei divina. Esses itens nos convidam a refletir sobre a não existência das penas eternas aos espíritos, a despeito de todo o desvio da mensagem que possa ter sido realizado em algum momento. (Ver também em *O céu e o inferno*,1ª parte, caps. IV, VII e VIII.)

34

Ciladas de mistificadores

Com leituras e breves reflexões sobre um tema instrutivo acerca da mediunidade, seguida da leitura de uma página comentada do Evangelho de autoria de Emmanuel, iniciamos a reunião de intercâmbio com a espiritualidade amiga. Proferimos, então, a prece, pedindo o amparo de Jesus aos nossos objetivos de aprender a servir no bem maior com os seus servidores, os amigos espirituais, que, em Seu nome, nos orientam.

Após essa prece, já na parte prática de nossa tarefa, três médiuns relataram suas percepções, e o primeiro se manifestou nos seguintes termos:

_ *Ainda há pouco, eu não estava conseguindo fazer a prece para entrar na faixa vibratória dos amigos espirituais, visto que grande dificuldade interferia na minha concentração. Precisei acionar meus registros mentais referentes às vibrações e aos sentimentos de minha amiga espiritual. Busquei relembrar os bons momentos que vivemos juntos em outras reuniões, em outros trabalhos, e, à medida que eu rememorava os bons momentos vividos no trabalho com ela, fui entrando em sintonia com a faixa vibratória em que ela sempre se encontra.*

Mesmo assim, os espíritos que estão querendo dificultar e me desviar do trabalho faziam-me pensar em outra forma perispiritual. Contudo, tentando se passar por ela, eles deixaram escapar do íntimo rispidez e impaciência comigo, e foi assim que percebi que aquela não era ela e que eles queriam fazer algum mal ao trabalho e a mim. Então, os ignorei, como tenho aprendido aqui, e consegui fixar minha mente à mente da minha amiga. O sentimento maternal dela para comigo é inconfundível, de forma que pude senti-la mais próxima.

Além da Tiana, que se encontra mais próxima a mim, sinto também o Sr. Leão. Ambos estão enviando esse sentimento bom, que envolve tanto a mim quanto aos espíritos que querem me confundir e tirar-me do trabalho. A vibração que eles enviam é a dos sentimentos inconfundíveis de pai e de mãe zelosos, cuidadosos, atentos e afetuosos, de forma que, a partir desses registros, consegui fazer a prece voltada ao Cristo e harmonizar minhas vibrações com a deles, em uma sintonia que me fortalece, me afasta das dúvidas e da insegurança no trabalho.

Agora, percebo que aqueles espíritos femininos juntos a Maria de Nazaré nos dão sustentação e também registro as enfermeiras que trabalham no posto de socorro do hospital, o qual se localiza no mundo espiritual e está associado à nossa instituição, aos nossos trabalhos.

Desde a reunião do salão, quando estudávamos o Evangelho, percebo igualmente aquele espírito a que chamamos de Mãe Maria e que se apresenta como preta velha, muito sábia e experiente. O sentimento materno dela é muito envolvente e nos dá segurança e tranquilidade inexplicáveis. Hoje, a vejo muito próxima do Quintiliano e do Irmão Ferreira, aqueles dois espíritos amigos que comandam um grupo muito grande de seguranças da nossa reunião, cuidando, com muita atenção e vigilância, de todos os movimentos dos grupos, ainda na rebeldia, que são trazidos aos nossos trabalhos de estudo e intercâmbio espiritual. Mãe Maria os orienta com muita sabedoria, pois ela enxerga muito longe e vai demarcando o trabalho da noite para eles.

__ Agora que você sintonizou com a Tiana, o Leão e os outros amigos espirituais, faça nova prece, breve e sentida, dirigida a Jesus.

Ele vai te ajudar. Agradeça o amparo que você tem recebido nessas tarefas e peça ajuda de forma humilde, dispondo-se ao cumprimento da programação desta noite.

Depois dessa orientação, outra médium, ainda em seus primeiros passos no exercício da mediunidade, se manifesta:

__ *Posso falar?*

__ Pode e deve, porque se o médium não relatar as percepções que tem na reunião, os trabalhos designados para ele não se desenvolvem a contento. A participação do médium que se mantém calado fica comprometida e prejudicada, pois não avança.

__ *Desde que começou a reunião, eu percebo um espírito, que, neste momento, está atrás de mim e tem me fornecido algumas imagens de uma montanha com jardins. Há, ali, uma construção com muitas salas, muitos compartimentos, mas não sei o que é isso. Estou tentando conversar com esse espírito, mas não estou conseguindo.*

__ Faça uma prece endereçada a Jesus, o diretor de todos os trabalhos no bem. Peça a Ele para lhe dar condições de se aproximar desse espírito. Faça isso pensando no espírito, a fim de conferir a vibração dele, pois pode acontecer de ele ser um pseudossábio que se aproxima e projeta essas imagens. Esse espírito que você percebe pode ser o que deverá ser atendido, mas você só poderá saber disso por aquilo que sentir ao entrar na intimidade do espírito.

Sabemos que os espíritos superiores nos passam sentimentos agradáveis e felizes, que nos elevam e enlevam. Os espíritos inferiores, os pseudossábios ou mistificadores, não podem improvisar esse tipo de sentimento superior, transferindo aos médiuns, no momento em que se estabelece a sintonia mental, sentimentos que albergam na intimidade, como insegurança, incômodo, medo, dúvida, raiva, violência, arrogância, frieza e impaciência. Por isso, você vai fazer a prece a Jesus agradecendo essa percepção inicial e pedindo ao Senhor que lhe dê as condições de reconhecer esse espírito. Feito isso, se ele for um amigo espiritual, será reconhecido pelo sentimento de bem-estar que você irá experimentar.

Depois da constatação de que ele é mesmo um amigo espiritual, converse com ele e pergunte-o, de forma natural e tranquila, com bons sentimentos e mentalidade pró-ativa, o que são as imagens que ele está mostrando. Pergunte qual a finalidade e como devemos nos conduzir para sermos úteis. Em seguida, relate o que o amigo espiritual está te esclarecendo, para avaliarmos e colocarmos os médiuns de sustentação a postos, orando por você e pela tarefa, vibrando em favor da boa atuação de todos nós na programação desta hora. Entretanto, se esse espírito for um mistificador, você vai sentir as dificuldades dele e, imediatamente, busque sair dessa faixa de sintonia, procurando os amigos espirituais em prece, entregando-o a estes para os devidos cuidados e esclarecimentos.

A outra médium, que já havia se pronunciado anteriormente, voltou a falar, dizendo:

_ *A impressão que eu tenho é que, depois que te comuniquei as percepções que tive, eu me distraí, mas eu não sei com o quê. Não consigo lembrar. Não sei o que aconteceu.*

_ Não tem problema algum. Essas ocorrências fazem parte do primeiro momento do trabalho, quando os amigos espirituais permitem a aproximação de espíritos que serão também beneficiados na tarefa de hoje. Por se tratar de corações ainda muito comprometidos com dificuldades de vulto, naturalmente eles ainda acreditam que podem agir contra as tarefas, mas estão sendo monitorados pela espiritualidade amiga e irão perder as condições de influência sobre você tão logo estejam acomodados em nosso meio. Volte a buscar a Tiana em pensamento, essa amiga espiritual incansável. Faça uma nova prece a Jesus, para recompor sua postura mental frente ao trabalho e não se preocupe em achar explicações para sua aparente distração agora. Não, agora não é a hora.

Os amigos espirituais, que monitoram essas aproximações, usam a impetuosidade dos espíritos para ajustarem os seus respectivos psiquismos a fim de que melhor recebam o auxílio. Você já presenciou o Irmão Ferreira, o Irmão Quintiliano, a Tiana e os outros amigos espirituais, então já se movimenta no magnetismo deles. Por isso, está tudo sob controle e você não precisa se preocupar. A sua distração pode ser também a preparação, pela espiritualidade, de algum irmão que vai ser beneficiado nesta noite. Ele pode até pensar que está te desviando, mas não está, e isso porque você já se vinculou à espiritualidade superior, pelo que posso deduzir, por meio de seus relatos anteriores. Então fique tranquila, mas atenta.

Em seguida a essa orientação, a terceira médium se manifestou:

__ *Estou sentindo todo o meu corpo "pinicando" e meu rosto queima. Eu estava conversando com o irmão Bartolomeu e ele falou que eu fico nervosa e agravo a sensação. Ele pediu para eu ter calma e confiança, evitando ficar nervosa. Lembra-me que eu sei que isso vai passar, que eu sei que o que está acontecendo é doação de ectoplasma.*

__ Sim. O ectoplasma é essencial na recomposição do perispírito do irmão em atendimento[1], fazendo um enorme bem ao espírito enfermo. Pense em Jesus, agradeça a Ele a oportunidade de estar sendo útil. O Senhor está confiando em você para o trabalho. Imagine que esse espírito a quem você está sendo chamada a ajudar nesse momento poderia ser seu filho? Faça em favor dele o que você faria por um de seus filhos, caso estivessem neste estado de necessidade. O que você não faria por um filho seu, se ele estivesse assim? Busque mentalizar e fazer o que faria por seu filho pelo nosso irmão, sentindo-se mãe dele.

Nessa hora, a outra médium volta a relatar:

---

1 No capítulo 7, "Socorro espiritual", da obra *Nos domínios da mediunidade*, de André Luiz, há interessantes apontamentos do instrutor Áulus em relação ao papel das energias ectoplásmicas durante a tarefa mediúnica.

_ *As tentativas de me distrair continuam, mas, agora, estou buscando novamente as referências, armazenadas em minha mente, de como percebo a Tiana.*

_ Não dê atenção às reações do espírito, isso é normal, posto que nossos irmãos estão no início de um tratamento de urgência. Essa é a razão de a espiritualidade permitir que eles se aproximem. É permitida a eles essa impressão de que conseguirão nos influenciar para que eles se aproximem e recebam os recursos dos quais necessitam. Então, não dê atenção e busque o trabalho com os amigos espirituais de forma determinada. Não se esqueça da prece.

A essa altura, a médium que doava seu ectoplasma voltou ao relato:

_ *Posso relatar o que eu estou sentindo? Posso ir falando? Eu estava conversando com Irmão Bartolomeu, e ele pediu para eu falar. A cada momento, a espiritualidade tira ectoplasma do meu organismo, mas de órgãos diferentes. Agora, eles movimentam energias dos meus olhos e ouvidos e, por isso, tenho a sensação de queimação nos meus olhos e de incômodo nos ouvidos.*

_ Esse é um sistema de transfusão de energias, no qual os recursos vão para o corpo espiritual do espírito, de onde vêm as energias negativas para seu corpo espiritual. Essas energias serão recolhidas e neutralizadas pela espiritualidade, que aproveita suas disposições mentais favoráveis e confiantes no poder do bem para ajudá-la. Por isso, você está com essas sensações, que são reflexo dessa transfusão, e não por estar sendo retirada de você energia ectoplásmica. Há uma troca e, para que se efetue a fixação do recurso novo, extraído de seu corpo espiritual, é preciso que você esteja em sintonia com o espírito enfermo. Então, agradeça mais uma vez a oportunidade de ser útil, porque essas recomposições fazem um enorme bem aos espíritos.

Pedimos aos irmãos da sustentação para envolver as médiuns e, especialmente, os espíritos que estão sendo tratados.

Em seguida, a médium que se manifestou no início da reunião voltou a falar:

_ *Sinto a Tiana e registro o seu sentimento materno. Estavam vindo muitas imagens de espíritos em estado de zoantropia, mas ela me auxiliou a perceber um espírito feminino que está fora daqui. Com tantas imagens, eu achei que eram muitos espíritos ocupando minha mente, mas era só esse, apesar de ele não ser o foco do atendimento hoje. Esse espírito feminino tentou me distrair para que o contato com o espírito programado pela espiritualidade amiga não se concretizasse. A Tiana disse que, assim que eu fosse relatando para você, eu iria perceber o espírito que é o foco do atendimento dessa noite, e ele será trazido até o nosso ambiente.*

_ Além da Tiana, você está percebendo quem mais dentre os amigos espirituais? Ela não está só, a equipe é grande.

_ *Os espíritos com aquele sentimento maternal muito acentuado: Maria de Nazaré, Catarina, Ilará, Sarah e Isabel, Quintiliano e Irmão Ferreira e a Mãe Maria, aquela preta velha muito sábia, que sempre nos ajuda.*

_ Esses amigos e amigas que você registra por si mesmos já são suficientes para você manter uma atitude de humildade, segurança e serenidade.

_ *Mas é como se eu não os sentisse, como se não registrasse os sentimentos deles da maneira que sempre faço. Sei que eles estão presentes, mas não com a clareza que em determinadas tarefas eu os sinto.*

_ Isso é normal, considerando as etapas que já vencemos com os amigos na tarefa de hoje. Há momentos, no transcorrer do trabalho, que os amigos espirituais não podem se apresentar muito ostensivamente aos médiuns. Como já cumprimos todos os procedimentos de segurança no início da sua sintonia com os espíritos enfermos, para não dificultar a aproximação deles e dos espíritos na pauta do atendimento, você vai sentir aquilo que esses irmãos que querem lhe fragilizar desejam. Não dê atenção ao processo de nossa irmã, que está sob os cuidados da espiritualidade, e projete sua mente para onde a Tiana está projetando a dela. Perceba o que ela está vendo ao longe, observe, concentre sua mente na dela. Entregue-se ao trabalho no embalo vibratório dessa amiga espiritual, da Mãe Maria, do Quintiliano e do Irmão Ferreira, que se fizeram presentes mais ostensivamente para você no início do trabalho, conforme você mesma narrou.

Depois de ligeiro silêncio, mas com o grupo ativo e, principalmente, com as médiuns exercitando a prece e a busca de melhor ajustamento com os espíritos amigos, a medianeira voltou a falar:

__ *Depois de seguir a sua recomendação e agradecer a Jesus pela sintonia com os amigos espirituais, estou vendo e sentindo, de forma mais clara, o quadro em que estive envolvida desde o início da reunião.*

__ Relate-o, para você fixar a imagem e sensibilizar os médiuns de sustentação a fim de que eles lhe ajudem e, assim, favoreçam o andamento do trabalho.

__ *É um lugar que, a princípio, parece bom, como um oásis no deserto. Trata-se de uma colina, uma serra bonita, verdinha e florida. Há uma construção bem no topo da serra, a qual aparenta ser um hospital e, ao mesmo tempo, um educandário. Essa construção lembra aquelas dos relatos dos livros sobre as cidades do plano espiritual. Contudo, tem alguma coisa errada lá, pois a vibração que registro não é boa. A Tiana diz que, a partir de agora, chegará à minha mente a influência do espírito feminino que eu identifiquei anteriormente. Foi permitido que a mente dela se vinculasse à minha, porque ela será atendida em algum momento, mas não hoje. Assim, ela acompanhará o diálogo com o irmão, que sustenta e dirige o local que descrevi, o qual não é exatamente o que parece.*

__ Está claro que você está bem ajustada aos amigos espirituais, bem sintonizada. Foi por isso que esses irmãos não lograram te enganar. Não fossem os esforços que você tem feito para seguir nossa orientação de só iniciar o trabalho depois de sintonia segura com a espiritualidade superior, você seria iludida, e o trabalho da espiritualidade superior estaria comprometido. Por isso, é importante nós termos paciência para nos prepararmos bem, no início da atividade de intercâmbio, para seguirmos à frente na tarefa com a orientação segura dos prepostos do Cristo.

Então, o que eles fazem nesse educandário?

__ *Estou percebendo que me aproximo dessa construção como se estivesse caminhando. Penetro em salas e vejo que a atenção dos espíritos nessas salas está voltada para dirigentes e médiuns de casas espíritas, além de tarefeiros mais comprometidos com as tarefas dos centros espíritas. Os reencarnados nas linhas de frente nas tarefas da Doutrina são os alvos, o foco deles, que se apresentam como amigos espirituais da mesma maneira como se apresentaram neste momento a mim.*

Esses espíritos nessas salas tentam se passar por mentores das casas, por orientadores e benfeitores espirituais. Quando os espíritos encarnados entram na faixa deles, saindo do corpo físico, os outros espíritos os envolvem e dizem: "Vamos levar vocês para um local de estudos e, depois que retornarem ao corpo físico, ao voltarem às suas casas espíritas, levarão nossas orientações". Como os encarnados não têm o hábito de conferir seus sentimentos nem mesmo de preparar-se mentalmente antes do sono, com leitura e prece, adormecem na faixa da invigilância. Assim, acreditam que estão vendo amigos espirituais e vão ingenuamente para esse local.

Todos os livros espíritas desse local têm as capas das obras básicas que estudamos, como os livros do Chico, do Odilon Fernandes e do Emmanuel. Eu estou vendo também esses livros aqui, entretanto o conteúdo deles possui algumas partes verdadeiras, e outras não, sendo textos que os espíritos dessas salas criaram, incluindo, em meio aos conceitos profundos e verdadeiros dos benfeitores espirituais, as deformações que eles querem, levando muitas comunidades espíritas ao engano. Assim, eles chamam a atenção de suas vítimas para os conceitos falsos.

Os irmãos vitimados pela mistificação passam a achar que estão estudando as obras básicas com os amigos espirituais e levam a novidade deformada para os estudos realizados nas casas e nos meios espíritas que frequentam, sem que percebam os desvios interpretativos. Pensam, convictos, que estão levando o melhor, mas, na verdade, não é isso que está ocorrendo.

_ É isso mesmo. Isso acontece muito frequentemente na atualidade, porque nós, trabalhadores encarnados das instituições espíritas, não nos comprometemos efetivamente com a reforma íntima. Não estamos atentos à necessidade de vencer o personalismo e o interesse pessoal que acalentamos na intimidade e que acabam, muitas vezes, desviando nossas obras dos objetivos essenciais do bem.

Outra médium volta a informar:

_ *Eu percebo situação semelhante à que a companheira que viu. Estou presenciando a mesma situação.*

_ Sim. A espiritualidade tinha mostrado essa programação a você, no início. Você conseguiu o registro claro do espírito que projetou esse quadro?

_ *Não. Consegui somente registrar os ambientes e a situação que nossa companheira relatou sobre as casas de estudo. O que me impressiona é que eu não consegui, naturalmente, entrosar com os sentimentos desse espírito que projetava os quadros na minha mente. Contudo, de alguma maneira, essas informações foram passadas pela minha companheira. O que me causa maior estranhamento é o aspecto exterior do local, que, apesar de muito bonito, é frio.*

_ É um ardil. Como você está em fase de treinamento e aprendizado inicial para esse tipo de trabalho, a espiritualidade interferiu para você não cair nas malhas psíquicas do nosso irmão, que é um experiente mistificador. Você está na faixa do trabalho. Ore novamente a Jesus e peça as condições para ser útil. O importante é a presença do nosso irmão que está na pauta da programação dos amigos espirituais para o diálogo.

A outra médium informa:

__ *Agora eu vejo o espírito que é o alvo dos atendimentos de hoje, e ele muda de forma. Trata-se de um mestre da mistificação e é, também, o responsável por esse reduto que prepara mistificadores. Esse ambiente que percebemos é um centro de treinamento e preparação de mistificadores. Agora, por exemplo, ele se apresenta igual a você; é a sua imagem fixada nele. Mudou para a imagem do Chico Xavier e, em seguida, para a de Kardec. Ele é, aparentemente, muito tranquilo e autoconfiante. Agora ele percebeu que nós o notamos e que identificamos seus sentimentos. Antes, quando operava aquelas transformações, ele não percebia que não nos iludia e ainda acreditava que poderia nos enganar com essas aparências.*

Neste exato momento, ele é conduzido até nós pelos amigos espirituais, e, a princípio, não quer vir, mantendo-se resistente. Os amigos espirituais estão projetando, em uma tela, imagens para que esse espírito possa perceber as ocorrências que dizem respeito a ele, como os vínculos do seu espírito, que foram importantes em sua vida, a fim de que ele se deixe conduzir até o nosso ambiente. Nessas projeções, espíritos ligados ao nosso irmão relatam o que tem ocorrido em suas vidas depois do momento em que foram resgatados. Um desses espíritos está em tratamento no hospital em que nosso grupo mediúnico está estagiando, e ele é fundamental para as ações em que está envolvido. Esse espírito foi uma peça ativa no processo em que nosso irmão se encontra agora e provoca, neste, grande curiosidade. Vou fazer uma prece envolvendo o irmão, e ele será transportado até aqui. Uma sensação de desânimo me envolve neste momento.

_ Busque a prece. Também pedimos aos irmãos da sustentação vibratória para envolver nosso irmão que está chegando e para vibrarem na prece pelos médiuns, para que eles se sintam fortalecidos no trabalho.

_ *Estou lembrando do Sr. Leão, quando nos ensinou sobre o controle mental.*

_ Você está se lembrando porque, neste momento, o Leão está lhe ajudando a fazer o que a ensinou a respeito dos primeiros contatos com espíritos muito sagazes ou em estado de hipnose muito profunda. Faça a leitura da mente dele antes de permitir a vinculação mais intensa. Evite a psicofonia nesses momentos iniciais do entrosamento com o nosso irmão e apenas relate o que você vê na mente desse espírito para dar tempo de a espiritualidade ajustar a vibração dele à sua e evitar choques desnecessários.

_ *Preciso projetar na mente dele pensamentos opostos aos que ele me envia, porque ele está tentando controlar minha mente.*

_ O Leão vai ajudá-la a neutralizar essas intenções. Leia a mente desse espírito, pois ele não tem recurso para impor a você quaisquer pensamentos, visto que está em nosso ambiente, não possuindo forças para operar como gostaria. A prece com o pensamento voltado ao bem e ao amor ao próximo nos fortalece ao mesmo tempo que fragiliza a ação equivocada de nosso irmão.

_ *Ele está se aproximando agora, encontrando-se no corredor da casa.*

Enquanto nosso irmão era conduzido ao nosso ambiente de intercâmbio, outro médium, na mesma faixa de trabalho, registrou:

_ *Ele sente muita raiva.*

_ Será por pouco tempo. Volte sua mente à prece e acione o irmão Bartolomeu, que está lhe assistindo neste instante.

__ *Eu estou tentando, mas não estou conseguindo. Ele está tão nervoso que me impressiona.*

__ Nós queremos, meu irmão, dar-lhe as boas-vindas e dizer que o recebemos com alegria e respeito. Contudo, precisamos explicar sobre esse respeito, para que não pareça falsidade. Temos certeza de que você é um membro de nossa família espiritual e que está em nosso ambiente, neste instante, não por obra do acaso, mas por ser um vínculo querido dos nossos corações e, por isso, merecedor de nosso respeito e consideração.

__ *Não sou vínculo de vocês e quero é saber qual é o critério utilizado para me escolherem como "foco do atendimento" desta noite, como você gosta de dizer. Por que você define que a conversa aqui, hoje, é comigo, e não com outro? Qual o critério?*

__ Você está aqui hoje porque os espíritos que te amam – e são muitos, como seus pais e suas mães –, ao que tudo indica, pediram aos amigos espirituais para interceder junto a você.

__ *Nenhum deles me interessa.*

__ Muitos vieram de outros orbes para este momento.

__ *Problema deles.*

__ Parece que não há um problema como você imagina, meu irmão.

__ *Não vem falar que é problema meu, que é coisa minha. Se não tem problema, o que eu estou fazendo aqui?*

__ Você não é problema para nós

__ *Como não sou? Você não escutou o que aquela enxerida contou para vocês? Eu sou o diretor daquela escola que ela viu.*

__ Escutei, mas o fato de você ser um instrutor não é um problema, muito pelo contrário. Você tem nos ajudado no processo de evolução ao servir a muitos dirigentes e a médiuns de inúmeras casas espíritas por esse mundo afora. Graças aos seus pupilos mistificadores, vamos aprendendo a lidar com o maior escolho da mediunidade: a mistificação. Sem querer, meu irmão, você acaba servindo-nos na conquista de experiência em uma área tão delicada das relações com o mundo espiritual. Devemos muito a você.

__ *Não estou servindo, não. Olha aqui, nós influenciamos até o grupo que ataca você, que não concorda com suas ideias. Fomos nós que articulamos para você sair de lá, do grupo que você dirigia nas duas "Casas Grandes"*[2].

__ Mas, então, meu irmão, quanto você nos serviu com essa ação! Veja o quanto nós aprendemos. Graças aos acontecimentos que experimentamos, descobrimos ângulos na prática da mediunidade que jamais imaginávamos poder assimilar enquanto encarnados. Aprendemos tanto, que nos sentimos endividados com você.

__ *Olha o grupinho que você tem hoje... Olha a condição psíquica desse grupinho!*

__ Como você avalia um grupo, meu irmão? Imagine Jesus com o Grupo dos Doze, composto em sua maioria por pescadores, e que reformou o mundo, mesmo não contando com o reconhecimento dos líderes do judaísmo.

__ *Olha o orgulho. Você está se colocando no lugar de Jesus, hein, discípulo?!*

__ Não, meu irmão. Você está me julgando por você, embora também eu, infelizmente, seja orgulhoso.

__ *É mesmo, porque eu te conheço muito bem.*

__ Eu sou muito imperfeito e tenho muitos problemas íntimos para resolver.

__ *Para te atacar, é preciso te conhecer.*

---

2 O dirigente que dialoga com o espírito nesta reunião permaneceu atuante no departamento da União Espírita Mineira por duas décadas, além de trabalhar na Federação Espírita Brasileira, por dois anos, como secretário da Comissão Regional Centro.

__ É claro, meu irmão. Se não houvesse o vínculo entre nós, você não estaria aqui, nesta hora. Sou ainda muito vaidoso, orgulhoso e egoísta, porque, se eu não fosse ainda tão imperfeito, estaria integrado ao Grupo dos Doze de Jesus, ao Grupo dos Setenta ou ao Grupo dos Quinhentos da Galileia. Estaria em um dos grupos nos quais se encontram os nossos amigos mais felizes. Mas, olhe bem, meu irmão, essa posição não é mais problema para nós, como você imagina. Aprendemos uma coisa: a natureza não dá saltos. Eu fiz as minhas escolhas e estou recorrendo à oportunidade de me apropriar das experiências que os equívocos têm me oferecido, ainda que seja pela dor ou pelo serviço despertador que você me presta, amigo.

__ *Eu não sou seu servo.*

__ Você, sem querer, está sendo meu servo, assim como de todos aqueles que estão sob suas projeções, e sabe por quê? Porque, ao atuar colocando obstáculos em nosso caminho, você nos ajuda a libertar de amarras difíceis, as quais nós geramos em tempos remotos, quando certamente nos conduzimos junto a outros corações de forma mais perversa do que você se conduz conosco agora.

__ *Você não sabe o que eu fiz. Bem, saber você sabe, mas não se lembra. Eu sei que você não se lembra.*

__ O que eu sei é que você tem feito a mim menos mal do que eu mereço recolher. Na verdade, meu irmão, você tem servido ao meu progresso e ao de todos os médiuns e dirigentes com os quais você se envolveu. Pena que, com essa atitude, você esteja prejudicando seu próprio progresso e gerando obstáculos desnecessários para o seu futuro.

__ *Não. Você mesmo fala que a gente progride. Você acha que não tenho acompanhado suas conversas?*

__ Sim. Você progride, mas pagando um preço muito alto e desnecessário. Progride-se também pela dor, não é mesmo, meu irmão?

__ *Então! Então! Haha... Tenho que rir.*

__ Progride, mas não precisava ter de pagar pelos comprometimentos de suas ações atuais. Eu, por exemplo, tenho passado por esses constrangimentos, mas poderia ser diferente. Entretanto, infelizmente eu tenho débitos e tenho que pagá-los, pois ainda não posso realizar muitas coisas que eu quero, devido à lei de causa e efeito. Então, vem você e me ajuda na libertação, abrindo espaço para meu progresso.

__ *Não ajudo nada.*

__ Você ajuda muito.

__ *Ajudo? Como pode?*

__ Imagine, meu irmão. Você acompanhou nosso trabalho antes deste quando ele era realizado em outras instituições.

__ *Claro, não posso deixar vocês soltos.*

__ Quando é que eu teria a oportunidade de lhe falar com sinceridade, reconhecendo a oportunidade de aprendizado, se não fossem as situações estimuladas por você, as quais experimentei e me trouxeram rico aprendizado?

__ *Você acha que todo mundo acreditou em suas palavras e o entendeu?*

__ Nesse caso, o problema não é meu, companheiro.

__ *Você sabe... A gente ainda comanda muitas mentes naqueles cargos.*

__ Bem, o problema não é mais meu, mas sim de quem não teve as condições de assimilar os fatos ou não desejou fazê-lo. Meu irmão, agora o que importa mesmo é que eu te devo, e só isso. No dia que você permitir, eu quero retribuir o benefício que você me fez, mesmo sem ter desejado fazer-me o bem. Se você fez o que fez, é porque eu lhe devo, e quero pedir desculpas pela minha inconsequência na época em que eu o prejudiquei.

__ *Você está me irritando! Eu não vim conversar com você desse jeito.*

__ Meu irmão, o que posso fazer?

__ *Não estou gostando dessa conversa. Pare de ficar me pedindo isso, pare de ficar falando desse jeito... Não estou gostando disso.!*

__ Eu tenho que pedir perdão, porque eu sou seu devedor. Eu era inconsequente quando o prejudiquei, eu não sabia das coisas que eu sei hoje, meu irmão, assim como você, que tem se insurgido contra muitas pessoas, mas não sabe o que está fazendo.

__ *Você está chato, aliás, você é muito chato. Não gosto de você, não gosto. Eu gostava de lidar com você quando a gente batia de frente, discutia, brigava. Antes era bom, mas agora você me incomoda. Não tem mais jeito... Que irritação!*

__ Mas, às vezes, tem outros caminhos.

__ *Que outros caminhos?*

__ Olhe bem, meu irmão. Você sabe que existem muitos espíritos que te amam e que também me amam, sendo eles vínculos nossos, pois foram nossos pais e mães.

__ *Não quero saber da nossa família.*

__ Tudo bem, se você não quiser, mas seria valioso para você, como líder, saber o que está acontecendo. Você não está informado sobre muitas coisas que estão acontecendo.

__ *Eu estou sabendo, sim... Bem, eu não dou conta de saber de tudo, é verdade.*

__ Nós estamos entre amigos, meu irmão. Olhe para esse painel à sua frente e você verá tudo o que está acontecendo. Não vamos esconder nada. Aliás, não sou eu que conduzo esse processo, mas esses amigos, os vínculos queridos de nossos corações que nos amam incondicionalmente. Esse painel é de altíssima tecnologia espiritual e tem a capacidade de desbloquear fatos e realizações importantes do seu espírito em eras remotíssimas. Sua memória foi bloqueada por seus adversários espirituais para que eles pudessem fragilizá-lo e, em seguida, escravizá-lo. Isso aconteceu quando você fez os pactos e as concessões, pensando que assim se livraria da cobrança de sua consciência. Você sabe disso.

_ *Sim, mas com as interferência de vocês os bloqueios têm sido cancelados. Há companheiros que deixaram nossas hostes, que saíram da nossa região, e temos visto que saem da faixa de controle dos nossos superiores.*

_ Você tem mente muito sensível e, por isso, caiu nessa cilada.

_ *Tenho nada.*

_ Tem, meu irmão.

_ *Se tivesse a mente sensível, não faria as coisas que eu fiz e faço.*

_ Tem sim. Sabe por que você fez coisas que a sua consciência reprova? Porque você caiu em uma cilada quando cometeu um erro e não foi sincero com você mesmo para reconhecer sua falibilidade. Justamente por causa da sensibilidade já desenvolvida por seu espírito, você achou que seu erro não tinha perdão. Assim, a culpa, que marcou sua autoavaliação, diminuiu a capacidade de retomar seu patrimônio, suas imensas conquistas de vidas passadas, inclusive em outros orbes. Foi dessa maneira que você caiu nas malhas de seus adversários, permanecendo escravo deles até hoje, da mesma forma como eu e muitos de nós do agrupamento espírita já estivemos por muitos e muitos milênios.

Para me livrar dessa escravidão, passei por muitos processos de depuração, pois já consegui aceitar bem o corpo físico, a reencarnação. Porém, você tem perdido muitas oportunidades de reencarnar, não aceitando o recomeço em novo corpo, porque seus adversários não permitem. Os que te escravizam não permitem, porque eles querem controlar o seu pensamento, as suas energias, acabando com sua autonomia de pensar por si mesmo. Você pensa e decide sob a influência de muitas mentes mais desequilibradas e enfermas do que a sua se encontra neste momento.

__ *Eu sei disso.*

__ Eu também sei e estou falando com tanta naturalidade porque conheço essa nossa história e, como te disse, já estive em sua situação, meu irmão. Por isso, falei no início de nosso encontro que o recebo com respeito, porque nós temos obrigação de respeitá-lo, de compreender suas dificuldades. O que você vive hoje, nós também já vivemos no passado.

Voltando ao painel, nossos amigos querem te mostrar tudo e não têm nada a esconder. Se você quiser se libertar, é preciso saber exatamente o que está acontecendo e esta é a hora. Contudo, se não quiser se libertar agora, você poderá continuar na escravidão, sendo seu livre arbítrio respeitado. Esses seus vínculos aqui presentes, também meus e de todos nós, já alcançaram o sentimento de amor puro, genuinamente fraternal e, por isso, nunca coagem. É o amor que nunca violenta e tudo espera, tudo perdoa, trabalhando e amando sempre.

Você consegue ver esse painel aqui, na sua frente? Você sabe que esse painel tem a capacidade de extrair de sua mente e projetar os processos já vividos por você, as experiências que sua memória espiritual armazenou, inclusive de vidas em outros planetas e que estão congeladas, bloqueadas em sua mente?

__ *Como você sabe que a gente causa as hipnoses e os bloqueios de momentos felizes do passado para melhor escravizar?*

__ Você não me conhece?

__ *Conheço.*

__ Estou falando para você que também já passei por esse constrangimento. Além disso, aprendi conversando com muitos companheiros em situação como a sua. Então, ao olhar esse painel, você verá a sua história e perceberá que a lembrança dela foi bloqueada pelos pactos infelizes feitos por você em momentos de fragilidade. Veja lá, meu irmão. O que você vê ali? Você se lembra dessa paisagem?

_ *Não faço ideia de que lugar é esse.*

_ É mesmo, meu irmão?

_ *Não venha me falar que...*

_ Você não se lembra das flores do campo?

_ *Não.*

_ Existem coisas das quais você tem saudade, quer ver? Observe bem, que você vai lembrar.

_ *Talvez uma flor ali.*

_ Ah! Viu a sensibilidade que desperta em seu íntimo?

_ *Pare de falar em sensibilidade, porque você me ofende.*

_ Mas você mencionou logo uma flor, meu irmão. Sensibilidade não é defeito, mas atributo de espíritos experimentados, vividos e tarimbados.

_ *Não é defeito? Aqui, nos nossos domínios, é defeito grave.*

_ Seus domínios são provisórios, e não definitivos. Inclusive, é exatamente o que você vai ver nos seus domínios: as mudanças. Mas isso é para depois.

Veja nesse ambiente aquela flor de que você gostava tanto, o perfume, o vento tocando a relva, acariciando o campo, as flores e as árvores. Relembre-se, meu irmão, da diferença do cantar dos passarinhos. Com essas imagens, você já pode perceber que essa sua experiência não foi na Terra. Lembra-se desse planeta?

_ *Lembro-me. Eu posso sentir a brisa roçando minha pele e as minhas mãos tocando aquela vegetação.*

__ É, e isso é real.

__ *Lembro-me de uma experiência nesse orbe de quando eu era jovem. Eu gostava de ficar debaixo dessa árvore que vejo agora nesse campo.*

__ Você verá outros lances importantes de sua experiência nessa vida.

__ *Eu lembro que demorei um pouco mais para aprender a ler, mas eu me esforçava para aprender e para entender o que lia. Eu me dedicava e gostava. Ganhei um livro.*

__ Quem lhe deu esse livro?

__ *Não me lembro.*

__ Você vai se lembrar de tudo, fique tranquilo. Continue a observar o painel.

__ *A gente não tinha permissão para estudar. Eu era escravo, e o sistema era o mesmo que nós implantamos aqui neste orbe, a Terra: não permitir que escravo tivesse acesso à leitura. Era até interessante que determinados escravos soubessem ler, porém, eu não tinha permissão para aprender, e alguém me ensinou. Não consigo lembrar quem...*

__ Vai lembrar, meu irmão. Está aqui, olhe no painel.

__ *Sim, lembro-me de que eu tinha que acompanhar umas crianças nos estudos e de que ficava de longe observando as estudar. Você sabe aquela ideia dos passeios no campo, na Páscoa judia? Relembro agora que a gente fazia isso naquele orbe. Fomos nós que trouxemos para a Terra o hábito de nos reunir no campo, entre famílias e amigos, para fazer comemorações de datas que não deveriam ser esquecidas. Então, você sabe disso, não é?*

__ Sei, meu irmão.

__ *Eu ficava com vontade de saber, pois aqueles livros pareciam mágicos, já que saíam histórias e palavras deles. Um dos meninos, uma das crianças que eu protegia contra eventuais imprevistos, prometeu me ensinar escondido. Nós tínhamos idades próximas, mas eu era um pouco mais velho que ele. O interessante é que eu tinha muita raiva deles pela escravidão que me impunham.*

_ Você se lembra desse jovem, de quando vocês foram desenvolvendo a amizade que se consolidou graças à iniciativa dele em te alfabetizar?

_ *Tornamo-nos como irmãos, e ele foi fundamental para eu dar conta da vida dura que tinha. Ele me protegia muito e, às vezes, me ajudava com coisas que não eram para ele fazer.*

_ Sabe que essa amizade foi conquistada em outros orbes, inclusive?!

_ *Ele falava isso, e eu não acreditava, pois achava que não era possível e que o Criador era punitivo. Enfim, eu não acreditava nessas coisas, mas ele acreditava.*

_ Agora você tem experiência para acreditar nisso?

_ *Até demais, não é?*

_ Você sabe que ele esteve aqui, com Jesus?

_ *Ele esteve com Jesus? Não estou lembrado de identificá-lo junto ao Cristo.*

_ Há dois mil anos, na Judeia. Por que você estranha?

_ *Ele? Aquele menino, o meu irmão? Mentira, isso não poderia ter acontecido!*

_ Concentre-se no painel à sua frente, pois seu amigo irá se movimentar ali. Nele, há uma escada que funciona como um portal entre as dimensões espirituais e de onde o espírito sai e pode descer até aqui, em nossa presença.

_ *Você não vai me deixar ver o restante? É muito interessante o que percebo.*

__ Pode, se quiser. Podemos, também, fazer a pausa que lhe convier. Estou querendo mostrar aquele menino porque ele cruzou seu caminho em muitos momentos, lá no outro orbe e aqui, na Terra. Eu gostaria que você pudesse sentir o quanto ele te ama. Relembre-se de tudo.

Você esteve reencarnado aqui na Terra em alguma oportunidade ou esteve se movimentando no plano espiritual apenas?

__ *Movimentando no plano espiritual. Na época do Cristo, eu atuei muito na criação das castas, na questão das hierarquias predominantes.*

__ Você se lembra de um espírito que te chamava mais atenção no Colegiado Apostólico, formado pelos Doze discípulos de Jesus? Aquele que te chamava atenção e te atraía mais?

__ *Era um mais velho. Bem, era o que parecia mais velho, espiritualmente falando. (Sussurra) Era um dos que eram mais velhos? Minha cabeça está ruim.*

__ Tenha calma. Você vai se lembrar.

__ *Ele era mais velho mesmo ou eu que o via mais velho? Talvez eu é que o visse mais velho, mais maduro que os outros, não é? Sei lá.*

__ Tenha calma que você vai perceber. Você vai relacioná-lo ao seu amigo, em outros momentos, nas suas lutas no plano espiritual. Você já reencarnou neste planeta, meu irmão, aqui na Terra?

__ *Que eu me lembre, não. Como eu disse, na época do Cristo eu agia no plano espiritual, mas ultimamente eu não me lembro de quase nada.*

__ Em suas movimentações no plano espiritual, havia um espírito que se aproximava de forma muito simples de você, não havia?

__ *Sim, os momentos em que ele se aproximava eram aqueles em que eu conseguia relaxar um pouco. (Ele sorri sereno.)*

__ Pelo seu sorriso, foram momentos muito valiosos. Você sabe quem é ele, não é?

__ *Sei, é o mendigo. É do mendigo*[3] *que você está falando?*

__ Sim.

__ *Então, ele não era o mais velho na vida junto com Cristo, não. Muito pelo contrário, fisicamente ele era o mais novo.*

__ Olhe quem está chegando aí!

__ *Olhe o livro! Ele está trazendo um livro.*

__ Lembre-se do título desse livro e de quando lhe deu esse presente.

__ *Vou lembrar. Você não me deixaria continuar vendo?*

__ O tempo é todo seu, meu irmão.

– Assim que eu comecei a ler algumas palavras, sempre escondido, ele me deu um livro. Falou-me que gostava muito daquela obra e que estava se despedindo de mim, porque íamos nos separar. Ele estava muito sereno, porque sabia que tinha uma missão a cumprir, por isso estava resignado com a separação, com a mudança da família. Ele não concordava com a divisão das castas e seu objetivo era, um dia, trabalhar para que isso deixasse de existir. Como eu não podia ir com ele, fui deixado sob os cuidados de alguém.

__ Alguém que também está aqui. Lembre-se.

__ *Esse alguém nunca me tratou como escravo. O menino me disse: "Você vai ser tratado de um jeito muito melhor do que se ficasse na minha família", mas eu não entendia, pois nem imaginava o que era ser tratado de outra forma, a não ser por ele. Então, estava sofrendo muito. Ele me deu o livro e também outros presentes e, assim, deixou-me sob os cuidados de outra amiga dele, que me tratou bem nessa*

3 O espírito denominado como "mendigo" para uma gama de espíritos em dores profundas é João Evangelista, que se veste de maneira rude e simples para, em visitas periódicas aos seus vínculos do coração, criar empatia.

vida. Ela sempre me contava as realizações dele, as quais pareciam estórias, mas eu sei que eram verdades, visto que ele realmente se transformou em um apoiador da libertação dos escravos, um lutador junto com seu grupo.

__ Você se lembra de onde foi isso?

__ *Ah, não lembro, não. Eu lembro que ele trabalhou com o Cristo, em outros momentos. há muito tempo. Contudo, não consigo lembrar claramente do planeta em que esses fatos se deram.*

__ Depois você vai se lembrar. Saberá se foi em Capela ou se foi antes, em orbe de outro sistema.

__ *Parece que foi em Capela, sim. Na constelação, em um dos orbes da constelação.*

__ Está certo. Você se recorda da pessoa que ele deixou cuidando de você?

__ *Era a Sarah.*

__ Então você sabe quem era ele.

__ *Era o João mesmo, o Evangelista.*

__ Era João, o mais novo discípulo de Jesus, que viveu mais que os outros, desencarnando com mais de noventa anos. Entendeu sua confusão sobre a aparência dele, meu irmão? Ele tem te acompanhado esse tempo todo, assim como a Sarah, e querem te mostrar algo.

__ *O livro. Distraí-me e esqueci-me do livro.*

__ Está na mão dele. Você viu que ele vinha trazendo o livro quando você parou? Lembra?

__ *Estou lembrando. Era um livro das leis divinas, de estudos mesmo. Pensei que tinha alguma historinha lá.*

__ E tem, meu irmão.

__ *Tem?*

_ Não uma historinha, mas a história da nossa caminhada evolutiva, as premissas definidas pelo Criador para nossa jornada, para nossa evolução. Lembre-se.

_ *É isso mesmo. Interessante, você vai falando, e eu vou me lembrando.*

_ Você o percebeu, aí na sua frente?

_ *A gente conversava sempre, não é? Ele me enganou direitinho com aquela vestimenta de mendigo!*

_ Ele fez isso porque, se você soubesse que era o João Evangelista, se sentiria mal.

_ *Nem ia deixá-lo entrar nos meus domínios.*

_ Ele tinha que fazer isso para poder chegar ao seu coração, o que ele sempre quis. Assim, ele não poupou sacrifícios. Isso é que é prova de amor, não é, meu irmão?

Agora ele está querendo falar com você de forma mais objetiva, porque, neste momento, enquanto nós estamos conversando, muitos instrumentos obsessivos que foram implantados em sua mente para impedi-lo de pensar por si foram retirados. Nesse diálogo, você vai, depois de muitos e muitos milênios, poder pensar por si mesmo, sem nenhuma mente interferindo em seus pensamentos.

_ *Estou sentindo mesmo minha mente mais livre.*

_ Aqueles equipamentos te escravizavam, de forma que muita coisa que você fez não é conscientemente de sua responsabilidade.

_ *Não tenho como me eximir das culpas. Eu sou muito responsável.*

_ Você não é cem por cento responsável, porque não estava sozinho. Contudo, você tem uma parte da responsabilidade, e é nela que você deve pensar, e não na culpa. Quando somos sinceros com nós mesmos, deixamos de sentir culpa e passamos a transformar o erro em lição, a qual gera um patamar novo para você subir. É como se fosse uma escada, um degrau acima. Assim, quando aprendemos uma lição, saímos de um patamar e alcançamos outro.

No seu caso, você vai sair da escravidão e alcançar a liberdade, quando desejar se corrigir e neutralizar a possibilidade de continuar no erro. Nesse momento, surge o crescimento, a melhoria íntima e, com ela, mais liberdade, da qual você precisa para ter autonomia.

Por que você deixa os outros mandarem em você?

__ *É muito estranha essa dependência.*

__ Seu amigo e irmão está querendo te fazer um convite.

__ *É bom mesmo, porque estou ficando sonolento, cansado. Do jeito que estou fraco, se eu voltar para lá assim, não dou conta de mais nada. Sei lá o que eles poderão fazer comigo.*

__ Chegou a sua hora, não é, meu irmão? Ainda mais com um apelo desses, que chega ao seu coração e merece colher.

__ *É verdade. E depois dessas lembranças, também não consigo mais ser o mesmo que estava sendo até agora. Você entende?*

__ Esses relacionamentos são um patrimônio do qual você não pode abrir mão, meu irmão. É muita conquista! Se ele têm esses cuidados com você, é porque houve merecimento de sua parte, pois não há nada sem merecimento. Você realizou muitas coisas boas em outros momentos, até mesmo em favor de João, e merecer colhe dele o que colheu e está colhendo novamente.

__ *Minha companheira vai ser amparada?*

__ Ela está acompanhando essa catarse e pode perceber a mudança do quadro geral de suas necessidades e também a melhoria da sua situação psíquica e espiritual. Convide-a para que ela se junte a você. Se ela aceitar, não há impedimento algum da parte dos amigos espirituais.

__ *Ela não vem agora.*

_ Ela virá depois. Respeitemos e aguardemos, pois ela está nos planos de nossos amigos espirituais. Confiemos, porque nossa irmã não será abandonada.

_ *Eu sei.*

_ Sabe mesmo. Você agora pode dizer que conhece muito bem esses seus amigos, não é, meu irmão?

_ *Estou lembrando que ela era uma das meninas que também eram escravas. Todos nós, que éramos escravizados, ficamos muito marcados.*

Agora o médium se afasta um pouco do psiquismo do nosso irmão e relata que nosso irmão começa a adormecer, mas reluta em dormir, pois certa insegurança o aflige.

_ Esse vai ser um repouso muito rápido, meu irmão, e servirá para repor suas energias. Assim, quando você despertar, vai se sentir bem melhor e estará em um meio muito bem protegido, onde nenhum pensamento daquele grupo rebelde lhe perturbará. Ninguém o incomodará, fique tranquilo, pois você está nas mãos de nossos irmãos João, Sarah, Calebe e em todo o grupo que você já conhece. Descansa, meu irmão, descansa.

Nesse momento, pedimos ao médium para redobrar a atenção, pois o nosso irmão estava sendo conduzido a ambiente de tratamento específico, em hospital especializado para recomposição do seu corpo espiritual, agredido por hipnose perversa. Assim, era necessário que o médium, semidesligado do espírito, ainda o acompanhasse, para servir de escudo contra emissões mentais de seus vínculos em desajuste e contra algozes que, à distância, sempre relutam em aceitar o resgate.

A médium voltou a falar com o dirigente:

_ *Eu vou acompanhá-lo, com os amigos espirituais, até os aposentos reservados ao seu tratamento. Quando ele abriu o livro, falou:*

"lembra o alcorão, mas com menos excessos e radicalismos interpretativos". Não sei o que tem naquele livro, mas foi a primeira coisa que ele falou.

_ O conteúdo daquele livro é o mesmo do Novo Testamento, porque está registrada ali a lei universal do amor. Quando os amigos espirituais a trouxerem de volta ao nosso ambiente, venha com calma, buscando controlar a ansiedade, para não trazer os reflexos das vibrações negativas para o corpo físico na hora de sua acomodação a ele. Retorne em prece, agradecendo a Jesus a oportunidade de ter sido útil.

35

O resgate de uma amiga

Após a prece que deu início à reunião mediúnica, uma das médiuns relatou ao dirigente:

_ – *Estou com sensação desagradável na boca. Relato para aliviar, porque sinto esse incômodo desde que me assentei à mesa para a tarefa mediúnica. Meu coração bate descompassado e tenho a impressão de que meu corpo está fora do lugar, mas estou em prece e confiante.*

_ Muito bem! Você já percebeu o irmão Jonas? Esse espírito amigo lhe tem acompanhado em todas as incursões na tarefa mediúnica.

_ *Ainda não o percebo.*

_ Pense nele, busque em prece elevar seu pensamento a Jesus e a Maria de Nazaré. Peça a eles para abençoar nossos propósitos, fortalecendo nossa fé e indicando os caminhos da sintonia plena com os amigos espirituais que irão te acompanhar na tarefa desta noite. Depois da prece e da identificação dos espíritos amigos que se apresentarem, nos relate os registros deles.

Pedimos aos companheiros da sustentação que a envolvam em pensamentos de confiança, já que ela se encontra na faixa de certo espírito que lhe transfere vibrações desconfortáveis. Ainda lembramos a importância da prece em favor dos espíritos em dificuldades que se encontrem relacionados pela espiritualidade amiga para recolherem ajuda nesta noite e, especialmente, em benefício do espírito que está próximo à médium.

Houve ligeira pausa e outra médium informou ao dirigente:

__ *Está vindo à minha mente a Tiana.*

__ Busque a nossa irmã e faça uma prece a fim de conferir a vibração dela, certificando de que é ela mesmo que se aproxima. A partir dessa confirmação, pergunte sobre a programação e seja pró -ativa para trabalhar como parceira na tarefa desta noite. Se não for ela, você já sabe o que fazer.

__ *Eu fiz a prece e não senti segurança a respeito da identificação de nossa amiga Tiana. Senti algo estranho e bem diferente do que eu esperava sentir, se tratando de um espírito tão comprometido com o bem e com o amor ao semelhante.*

__ Faça uma prece a Jesus, peça por esse coração que tentou se passar por uma amiga espiritual e volte sua mente aos seus verdadeiros amigos. Quando a espiritualidade amiga permite a aproximação de espíritos tentando mistificar em nossas tarefas, eles já estão sob os cuidados da espiritualidade superior. Assim, a permissão da espiritualidade visa nos ensinar as várias técnicas de mistificação, contribuindo para o nosso crescimento na tarefa e também garantindo a segurança do trabalho. Certamente os espíritos amigos já estão reconduzindo ao esclarecimento esse coração que tentou se passar pela Tiana, de forma que ele será encaminhado para o diálogo com os espíritos que cuidam da segurança de nossa reunião.

A médium que fez seu relato no início da reunião voltou a informar ao dirigente:

__ *Estou demasiadamente ansiosa e vem à minha mente o grupo de encarnados que esteve aqui antes de nós chegarmos para as tarefas, aquele grupo das publicações.*

__ Entendo. Você não vai entrar em sintonia para a comunicação do espírito agora, pois deve, antes, buscar os amigos espirituais. Pergunte a eles quem será o foco do trabalho, para que não entremos em uma cilada que objetiva nos desviar da programação efetiva do mundo espiritual superior.

Pedimos nossos irmãos na tarefa da sustentação para envolver na prece e nos sentimentos de fraternidade e solidariedade a nossa irmã médium e, principalmente, o espírito que está sendo preparado para o diálogo desta noite.

Oremos juntos:

"Senhor Jesus, lembramos-nos neste momento de Vosso ensinamento que diz 'tudo aquilo que pedirmos em oração, crendo, receberemos.'. E nós cremos, Senhor, que Deus é por nós nesta hora e que acompanha nossos esforços. Também sabemos, Jesus, que Vossos prepostos nos assistem e se interessam por todos aqueles que sofrem nas trilhas da evolução rumo ao nosso Pai Celestial. Por isso, Senhor, nós te pedimos pelos espíritos que nos cercam e que não compreendem, ainda, nossas motivações no trabalho e o desejo sincero de aprendermos a servir contigo. Oramos neste instante e apelamos ao Seu coração, Senhor, por aqueles que se colocam como nossos oponentes, muitas vezes sem saberem as razões precisas dessa oposição. Abençoa, Senhor, a nossa médium, os médiuns de sustentação, enfim, nossa tarefa, para que todos possamos nos colocar como instrumentos úteis e de fácil manejo nas mãos desses abnegados tarefeiros espirituais vinculados à Vossa seara de luz e de amor. Guarda-nos, Senhor, em Sua paz e que possamos levá-la aos corações dos irmãos em lutas e dificuldades maiores. Que a vontade de Deus e a Sua se faça em nosso meio antes que a nossa."

Após a prece, a médium que experimentava sensações desagradáveis falou:

__ *Tenho a percepção do Jonas e, durante a prece, eu conversava com ele sobre as sensações que certo espírito queria fixar em minha mente. Esse espírito desejava que eu não vinculasse as emoções que registrei vindas dele àquele grupo das publicações, o qual mencionei anteriormente. Ele queria me confundir, desviando nossa atenção e ocupando o tempo para evitar que o espírito da programação da noite fosse até aqui trazido e atendido. Parece que ele faz parte de um grupo que anda atacando os nossos irmãos encarnados daquele grupo, o qual esteve junto a nós no passado.*

__ Esse espírito está sobrecarregando os irmãos que se afastaram do nosso grupo. Estou sabendo o que acontece por lá porque esse afastamento não abalou nossa amizade, e as relações afetivas seguem inalteradas. Nossos irmãos falaram recentemente comigo sobre o ataque que estão recebendo e pediram ajuda. Pergunte ao irmão Jonas se vamos deslocar ou se o espírito que está na programação virá até aqui.

__ *Jonas esclarece que o espírito será acompanhado pelos seguranças do trabalho até aqui.*

Um tempo breve se passou, e a médium registrou os dois espíritos responsáveis pela coordenação da equipe que atua na segurança das tarefas.

__ *Sinto a presença do Quintiliano e do Irmão Ferreira. Tenho a percepção do espírito. Posso ir relatando?*

__ Pode e deve, tanto para iniciar o atendimento e como também para os médiuns de sustentação saberem como acolher nosso irmão em suas preces.

__ *Vejo em sua mente aquele grupo grande de trabalhadores espíritas que se dividiu, dois ou três anos após se afastarem de nosso grupo. Esse espírito tem a ver com eles e diz que com você também.*

__ Volte-se em prece ao irmão Jonas, para confirmar se esse espírito é o mesmo da programação da espiritualidade. Vamos ter calma para atuar a fim de que tenhamos a segurança de não estarmos sendo ludibriados.

A médium voltou a informar:

__ *Parece que é outro espírito.*

__ Pois bem, vamos com serenidade e disciplina acompanhar o irmão Jonas. Ele é quem pode nos situar na tarefa verdadeira, a qual foi programada pela espiritualidade originalmente.

__ *Mas é um grupo grande de espíritos.*

__ Sim, é um grupo grande que está querendo proteger o responsável pela coordenação da ação de constrangimento e influência negativa junto aos irmãos encarnados. Você está percebendo o irmão Jonas? Não o perca de sua mente. Você já sabe que, para tanto, deve pensar em Jesus e em Maria de Nazaré, que é a coordenadora das tarefas junto aos corações em estado de rebeldia mais renitente e severa. Pergunte ao Jonas se o espírito é feminino ou masculino.

__ *É feminino, e a espiritualidade está trazendo-a ao nosso ambiente.*

__ Quem está trazendo a nossa irmã? Se você perguntar ao Quintiliano, ele a responderá.

__ *Eu percebo o Irmão Ferreira atuando. Quem acompanha nossa irmã é o Professor Cícero Pereira.*

__ Pedimos aos nossos irmãos para externar os sentimentos mais afetivos que puderem a fim de envolver nossa irmã, que é muito próxima de nossa família espiritual. Imaginemos se fosse nossa mãe ou irmã, o que não faríamos por esse laço afetivo, por esse vínculo do coração? É importante que a companheira sinta a nossa sinceridade com relação ao bem que lhe desejamos e à crença que temos no potencial divino que ela traz dentro de si.

Em seguida, o espírito se manifestou pela médium nos seguintes termos:

__ *Olha! Pode ir falando, porque eu não tenho tempo para balela. Não vou ficar ouvindo sermão, não tenho tempo para isso.*

__ - Minha irmã, nós não temos autoridade para dar sermão em quem quer que seja, e muito menos em você, que se engana ao pensar isso. Nós estamos te recebendo, minha irmã, com a sinceridade de amigos, já que sentimos ser você importante membro da nossa família espiritual, que faz parte da nossa história. Agradecemos a Jesus por esse momento.

Longe de nós qualquer juízo em relação a você, porque estamos certos de que teve suas razões para buscar seus caminhos e escolhas, como nós também tivemos as nossas para cair em equívocos ao longo de nossa jornada evolutiva. Assim, recebemo-la com o respeito que merece de nós. De maneira alguma, passará em nossa mente violentar seu espírito, porque estamos aqui em nome de Jesus, que é o príncipe da paz.

__ *Eu vou separar um por um. Aquele outro lá, que dividiu o grupo de novo e gosta de ficar falando e fazendo seminário, eu já ganhei! Você sabe disso. Vaidade e orgulho são portas fáceis.*

__ Sabemos que você trabalha com as nossas mazelas.

__ *É isso!*

__ Você está falando a verdade e nós sabemos disso. Contudo, o que importa neste momento, minha irmã, é pensar sobre o ganho interno, e não no externo, superficial, que é sempre aparente e ilusório. Você ganhou lá fora, ampliou seu campo de poder sobre as mentes, as quais já estavam oferecendo portas abertas, como você mesma acabou de falar. Mas será isso um ganho real? Será que compensa? Onde está o ganho interno, minha irmã? Onde está o poder de você sobre si mesma, que continua sendo manipulada por muitos inimigos que também acham que te ganharam? Os espíritos que te escravizam estão te ganhando por muitos milênios, como também nos ganharam, já que também fomos envolvidos ao longo dos milênios e escravizados impiedosamente.

Aquele que você diz gostar de falar está se esforçando para dar o melhor que pode no momento, de forma que, se suas atitudes não condizerem com a programação de sua reencarnação, ele sofrerá com as escolhas equivocadas e, se ele estiver ensinando com a teoria, em algum momento do futuro sentirá a necessidade da prática. O fato é que, se ele estiver dando o melhor que tem em sua intimidade, receberá o salário da paz; se não, ele irá sofrer, passando por desilusões e aprendendo, como todos temos aprendido, e recomeçará em bases novas, porque o Criador dará outras oportunidades a ele, como tem dado a todos nós. E para você? Qual ganho restará, minha irmã?

__ *Poder!*

__ Poder exterior, ilusório.

__ *Mas é poder!*

__ O que vale esse poder exterior? Você está servindo ao progresso de nosso irmão quando forja a sua queda, porque ele vai reagir, já que possui consciência. Depois do sofrimento, virá outra oportunidade, porque Deus dá a todos novas oportunidades, sempre. Que poder, então, você conquistou com essa movimentação infeliz? Você mesma não tem poder algum sobre si, porque está escravizada e presta obrigações a mentes mais perversas que as nossas, que a sua própria, minha irmã. Você é escrava, lamentavelmente esta é a realidade. Você não tem autonomia para pensar por si.

__ *Eu tenho!*

__ Não tem, você só pensa que tem, da mesma maneira como nós pensávamos que tínhamos quando estávamos escravizados. Essas mentes perversas chegam como amigos e depois, por meio de pactos que fazemos, nos escravizam, convencendo-nos, desde que cometemos o primeiro erro, de que não haverá remissão ou perdão. Você se lembra quando foi uma leal servidora do Cristo e cometeu um erro, o qual muitos de nós aqui nesta sala também cometemos? Nós não te julgamos porque todos aqui estamos na mesma situação, entretanto eles encheram sua cabeça com conceitos equivocados sobre a justiça divina, dizendo que o Criador não perdoava. Então você, sofrendo no plano espiritual, aceitou fazer os pactos, os quais aprofundaram a escravidão que vinha desde o tempo em que estávamos encarnados. Você perdeu autonomia no momento em que caiu na cilada, mas mesmo na queda, o Senhor nos espera.

Seu companheiro estava aqui na semana passada, e você também estava. Viu as regressões de memória dele e se descobriu envolvida nos mesmos problemas e enganos, não é mesmo?

_ *Sei disso.*

_ Por que você acha que ele seguiu nesse novo caminho? As compensações que ele viu, minha irmã, fizeram a diferença, pois ele percebeu quem o escravizava e o controlava. Ele se preocupou com você, perguntando "E a minha companheira?", você ouviu, minha irmã?

Respondi a ele que poderia te convidar a se juntar a nós, e ele me responde: "Ah, ela não vem agora!". Ele sabia que você não viria naquele momento porque tinha consciência de que os seus senhores, os que lhe escravizam, não permitiram a sua vinha, e não porque você não tem amor nem vínculo com ele, como ele tem por você. Se não fosse criado um aparato do plano espiritual por aqueles que a amam, eles não permitiriam sua vinda até aqui hoje. Quantas coisas você ainda tem de fazer, apesar de já não querer mais porque está cansada? É impossível que você não passe pelo que já passamos. Depois de tantos milênios de escravidão, nos cansamos, minha irmã!

_ *Tá bom, tá bom! Fazia porque queria, no passado, mas hoje faço porque sou obrigada.*

_ Você é obrigada porque não volta sua mente àqueles que verdadeiramente te amam e que estão à sua espera! Por que você se esqueceu daqueles que te amam de verdade?

Seu amigo, que foi resgatado na semana passada, também achava que não tinha mais jeito para ele no início de nosso diálogo. Em seguida, passou a ver os grupos de afetos de outros tempos e percebeu a presença de um amigo de eras remotíssimas, no tempo em que era escravo em outro orbe. Relacionou esse amigo com João Evangelista, que é o mesmo Arthur de Capela, e Sarah, que também foi benfeitora de seu amigo e certamente de você também. Ele nos disse que você também estava reencarnada naquela época como escrava, junto dele, e que ficou muito marcada com essa experiência. Contudo, você não é obrigada a aceitar essa nova e mais dolorosa escravidão! Você está sendo obrigada, pela falta de confiança e crença nos seus vínculos mais profundos da alma a qual se justifica pelo fato de sua memória espiritual ter sido bloqueada impiedosamente, em um momento que você estava muito vulnerável. Assim, para melhor controlá-la e mais facilmente escravizá-la, seus algozes fizeram-na esquecer das realizações de períodos de sua vida que foram muito construtivos, dos amigos que possui e que a amam profundamente. Você beneficiou a evolução de muitos amigos em tempos que se contam por milênios.

__ *Tenho amigos?*

__ Muitos, não são poucos. Você quer ver? Levante a cabeça. Esse painel à sua frente é de altíssima resolução espiritual e tem a capacidade de penetrar nas áreas de sua memória que foram congeladas pelos seus algozes, seus atuais senhores. Esse projetor vai desbloquear alguns momentos que estão congelados e que se referem às suas realizações, aos bons momentos que você vivenciou ao longo dos milênios, os quais não foram vividos aqui na Terra.

Observe essas imagens, que estão sendo retiradas de sua memória espiritual, e tente se relembrar de alguns de seus amigos. Observe bem e você se lembrará e se verá entre eles, naturalmente em outro corpo, outras condições, outro planeta. Esse é um patrimônio que te pertence e que pôde ser congelado pelas mentes perversas que te dominam, mas que não pode ser extinguido, porque te pertence.

Quem você está vendo na tela?

_ *Vejo Calebe.*

_ Não é por acaso que você o vê, minha irmã. Você participava de um grupo. Lembra-se de qual? Olhe os companheiros que estão ali além do Calebe.

_ *Ele vem contra mim, eu não quero.*

_ Não é isso que você sente verdadeiramente, pode ficar tranquila. Ele não vem contra você, mas a seu favor, porque te ama. Você tem créditos com ele, e seus corações estão vinculados. Lembre-se, minha irmã, da história que é preciso lembrar.

_ *Nós fazíamos parte do grupo.*

_ Lembra-se de outros participantes do grupo, minha irmã? Quem você está vendo agora? Lembra-se de Sarah, de Arthur e de Bartiara?

_ *Lembro e vejo Aurélius nesse grupo.*

_ Ah, sim! Você voltou a experiências que remontam muitos orbes antes de Capela, por isso você percebe Aurélius em seus bons momentos, também reencarnado. Estão todos aqui agora, minha irmã.

_ *Para me receber?*

_ –Sim, pois você é extremamente importante para todos eles. Estão esperando essa oportunidade há alguns milênios, especialmente Calebe, Arthur e Sarah. Os três estão esperando desde quando você se desvinculou do grupo. Bartiara e Aurélius, que também se desvincularam do grupo em certo momento e recentemente voltaram, também te esperam desde que retornaram ao seio dessa família espiritual imensa a qual pertencemos.

_ *Estivemos juntos em outros orbes. Estou relembrando agora.*

_ Sim, e trabalharam juntos aqui na Terra também, não é mesmo?

__ *Trabalhamos.*

__ Eles têm um convite para fazer.

__ *Voltar a fazer parte do grupo? Será isso mesmo que eles estão me dizendo?*

__ Exatamente. A experiência que você adquiriu nessa forja dolorosa de sofrimento é que vai garantir o sucesso futuro dos empreendimentos espirituais em que você se envolverá, pois você não vai querer que ninguém passe pelas mesmas experiências para evoluir.

__ *Estou muito fraca, sabe?*

__ Sei, mas isso é normal, minha irmã, e acontece por causa da diferença vibratória em que nos encontramos. Aqueles equipamentos que colocaram em sua mente, no seu cérebro, em seu coração e em seus órgãos do corpo espiritual em substituição aos órgãos genuínos serão removidos, e seus órgãos originais, depois de reconstituídos, voltarão a funcionar paulatinamente. Doravante, à medida que alguns órgãos estiverem sendo implantados, outros serão reconstituídos com movimentação expressiva de ectoplasma do plano físico combinado com recursos do plano espiritual. Até que todos os seus órgãos se adaptem novamente ao seu organismo, esse processo vai acontecer. Assim, é natural essa sensação de fragilidade. Contudo, você vai poder sentir sensações maravilhosas, que há muito não sentia, como seu coração batendo. Observe como ele está batendo agora, como seu corpo está aquecido e como a circulação sanguínea corre e irriga todo seu organismo. Há quanto tempo você não sentia isso, minha irmã? A energia que você não sentia já vai se transformar em vigor e lhe proporcionará ânimo novo.

A sensação que eu tenho é que os órgãos, ao entrarem em operação novamente, provocam leve dor, mas sinto-me bem vendo Sarah aqui.

__ E você vê como ela está feliz? Ela esperava por este momento para acalentá-la.

_ *Ela realmente o faz.*

_ O amor dela é muito sincero e profundo. Ela trouxe uma cama para você, minha irmã.

_ *Eu vou me deitar.*

_ Descanse, minha irmã, mas, antes, liberte seu grupo para você se sentir melhor, mais leve. Fale para cada um, em pensamento, das compensações e da alegria que você experimenta agora e diga-lhes que poderão experimentar o mesmo bem-estar. Proponha aos seus que eles venham com você, porque eles poderão sofrer muito mais, com escravidão ainda mais dolorosa, devido ao desespero dos seus ex-senhores causado pelo seu resgate ao ambiente aconchegante da Casa Paterna. O convite deve ser feito, mas todos devem ser respeitados em suas decisões.

_ *Libertarei. Eu trabalhava muito bem com o magnetismo.*

_ Você vai trabalhar muito com essa técnica mais à frente e poderá ensinar muitos médiuns, muitos trabalhadores, a usar esses recursos para o bem.

_ *Pena que eu tenha utilizado esse recurso de modo tão grotesco, não é? Esse recurso é para trabalharmos no bem, para nos movimentarmos em favor dos outros. Pena que eu sinta isso somente agora, que estou mais livre.*

_ Mas isso tudo é experiência adquirida em favor do nosso processo evolutivo e, na verdade, é também uma forma de aprendizado. Quando aprendermos a olhar, com sinceridade, os nossos equívocos, transformaremos esses erros em lições, as quais são como uma escada, que devemos subir em direção ao nosso Pai Celestial.

Não se lamente, não cultive a culpa, porque você, como todos nós, encarnados, tem sido escravizada pela fragilidade que a culpa provoca. Contudo, não fomos criados para a escravidão, pois somos filhos de Deus. Veja na parábola do filho pródigo como ele foi tratado pelo pai: quando resolveu voltar à casa paterna, o filho foi recebido com respeito, e o pai o beijou na face, o abraçou, envolvendo-o pela cintura, e o trouxe para dentro de casa sem humilhação, preservando sua dignidade. Este entrou na Casa Paterna de cabeça erguida, porque entrou abraçado ao pai, que, por sua vez, fez uma grande festa. É assim que devemos nos sentir, como aquele que teve a coragem de dizer: "Levantar-me-ei e irei ter com o meu pai. [...] E dir-lhe-ei que pequei contra ele, contra meu próximo e contra a minha própria consciência. E que nem sou digno de ser chamado de seu filho. Mas que ele me dê somente o que ele dá para um simples trabalhador em uma jornada diária.".

O pai, surpreendendo às expectativas do filho, fez muito mais, mandando matar o bezerro cevado, dando-lhe novas alparcas para proteger seus pés nas futuras caminhadas, colocando um anel em seu dedo para simbolizar a aliança eterna. O pai agiu dessa maneira por saber que, pela experiência que a dor trouxera a seu filho, este não cairá mais naquele equívoco.

A festa foi maravilhosa a tal ponto, que o filho que estava na casa, integrado ao pai, ficou enciumado. Aquele que nunca abandonou o pai, nunca o deixou, não teve a mesma facilidade para a aceitar a alegria paterna e ficou incomodado com tanto amor oferecido ao irmão, por isso não queria entrar para a festa. O pai, então, o perguntou: "Meu filho, por que você não quer entrar e participar da festa que faço pela alegria de ter seu irmão de volta?". E respondeu o filho: "Esse seu filho perdulário gastou todos os seus recursos com as meretrizes. Esse seu filho invigilante volta para casa, e você mata até o bezerro cevado e faz uma festa maravilhosa dessa para ele. E eu, que estou sempre com você, nunca recebi um cabrito sequer para me alegrar com os meus amigos.". O pai disse-lhe, então: "Oh, meu filho, você esteve sempre comigo, tudo que eu tenho te pertence. Você não pegou um cabrito para se alegrar com seus amigos porque não quis, mas seu irmão estava perdido e nós o encontramos, estava morto e reviveu. E é justo que nós nos alegremos.".

O que o filho pródigo encontrou em seu lar é o que você vai encontrar aqui, minha irmã: uma grande festa. E diga ao seu grupo que é uma festa autêntica e que quem vier irá participar.

Nesse ponto do atendimento, o espírito foi desligado da médium, que informou:

__ *Quando você estava falando sobre o filho pródigo, ela se lembrou de Jesus, com quem também conviveu em outro orbe.*

__ Com certeza. Não resta dúvida de que ela, em muitos momentos, experimentou a presença do Senhor em suas várias reencarnações em outros planetas. A saga desse grupo espiritual que está sendo resgatado nesses últimos anos remonta aos milênios sem fim de experiências em orbes que lhes serviram de escola muito antes dos planetas do sistema de Capela, por onde estagiaram há séculos. Jesus, naquela época, já era como um pai e já os instruía nas suas caminhadas evolutivas, realizando, nesses orbes, o mesmo trabalho que espíritos como João Batista, João Evangelista, Maria de Nazaré, Isabel, Ana, José e outros fizeram e ainda fazem aqui na Terra.

__ *Ao se lembrar disso, ela sentiu a vibração de seu companheiro, que foi resgatado semana passada.*

__ Nossa irmã vai retornar às nossas tarefas de recomposição de corpos perispirituais em futuro próximo e em uma situação bem melhor.

__ *Ela está sendo levada para outra parte do hospital, na qual continua a ser trabalhado o cérebro. Os amigos espirituais atuaram na glândula pineal e estão atuando nos órgãos vitais, buscando a revitalização destes. Há implantes de órgãos espirituais, mas parece que são próteses que vão funcionar em caráter provisório, até que ela venha às nossas reuniões de reconstituição de órgãos e glândulas do corpo espiritual. O interessante é que percebo o companheiro dela nesse mesmo centro cirúrgico, recebendo atendimento. Seus órgãos reconstituídos estão sendo reenergizados.*

__ O tratamento dele está em outra fase e vai se aprofundar a cada semana.

__ *O atendimento dela seguirá em outra fase somente com a espiritualidade. Jonas tem algumas coisas para me dizer sobre mim mesma enquanto me repõem as energias.*

__ Que bom! Aproveite esse momento com seu amigo espiritual.

__ *Ele diz que, independentemente do que aconteceu essa semana, quando senti muito desgaste com repercussão no corpo físico, eu não vou para o jardim refazer as energias psíquicas, porque não tenho obrigatoriedade de ir para lá, no ambiente espiritual de nossa casa. Essa prática não pode virar rotina. Disse, ainda, que eu vou aprender o que a espiritualidade já tem dito para nós sobre a influência da mente e da prece na recomposição de nossas energias.*

__ Nós já devemos aprender como atuar com mais autonomia, sem exigir cuidados especiais do mundo espiritual. Não que os amigos espirituais não queiram nos ajudar, mas sim porque já recebemos recursos suficientes para caminharmos mais independentes e confiantes, sem exigirmos sempre sermos conduzidos pela mão, como as crianças ainda precisam.

36

O filho de Maria de Nazaré

Após a prece para o início do intercâmbio com os amigos espirituais, uma das médiuns informou:

__ *Tiana, a amiga espiritual que sempre me acompanha nestas tarefas, está me ajudando a recordar dos momentos felizes com as crianças na evangelização, até mesmo com os meus sobrinhos, mas, ainda assim, estou tendo dificuldade de despertar o sentimento materno. Ela pede para eu me lembrar do sentimento de carinho por eles. Agora, percebo o espírito do Sr. Leão e sinto-o se aproximando e me auxiliando a lembrar desse sentimento, que me envolve quando estou nas tarefas com as crianças, e a enviá-lo para o espírito com o qual estou sintonizada. O que mais se destaca no Sr. Leão, hoje, é o sentimento de pai, bastante puro e sem nenhum sentimentalismo. É um sentimento de pai firme e atento.*

__ É o jeito dele, que sempre foi assim quando encarnado. Peça a ele para ajudá-la a fazer a leitura da mente do nosso irmão e, a partir disso, comece o relato.

__ *Estou sentindo que ele está mais próximo de mim, mas sinto falta da Tiana.*

__ Entendo, mas não se preocupe com isso, pois ela está ao seu lado e vai ajudá-la a colaborar com nosso irmão. Aproxime-se do companheiro em dificuldade e preste o serviço.

__ *Eu percebo, nesse espírito, desânimo e falta de objetivo.*

__ Você pode ir induzindo, na mente dele, a informação de que ele já começou um projeto superior, o que é verdade, porque esse espírito está sob os cuidados espirituais de Jesus, de Maria de Nazaré, de Arthur, de Calebe e de Sarah. Em função disso, ele tem condições de mudar o foco do pensamento e do sentimento.

__ *Eu vejo, em sua mente, o momento em ele acompanhou o resgate espiritual da Bartiara, em uma das reuniões mediúnicas da casa. Ele estava presente na sala e não acreditava no que estava vendo tampouco em muitas coisas que ele ouvia. Sua perplexidade foi em razão de ele ser muito próximo a Bartiara e, mesmo assim, não saber de muitos vínculos espirituais que se apresentaram na hora do resgate. Inclusive, alguns desses vínculos foram também importantes na vida dele. Contudo, mesmo sendo surpreendido por grande parte do relato e embora sentisse, no fundo, que eram verdadeiros os fatos ali presenciados, ele ficou confuso. Os espíritos amigos que cuidam da segurança do trabalho ofereceram a ele e a muitos outros que guardam vínculo com a nossa irmã Bartiara a oportunidade de seguirem com ela para o tratamento. Ela mesma convidou a todos os presentes no momento do resgate para seguirem juntos e aproveitarem aquela oportunidade. Ele foi um dos que preferiu não aceitar, pois achou, naquele momento, que precisava refletir, já que era muito difícil para ele entender aquele processo de mudança que se deu com base na reconstituição da memória espiritual. Ele considerava impossível transformação tão vigorosa e real no corpo espiritual, como ele presenciava. Para ele, tinha que haver outra explicação que não fosse a força do amor e o poder das mentes superiores.*

__ Mas depois ele refletiu, voltou ao nosso ambiente, percebendo nele verdadeiramente a ação dos que o amam de forma genuína, e sentiu que chegou sua vez. Agora, ele tem mais esse patrimônio em seu coração.

__ *Lembro agora da reunião mediúnica em que ele foi atendido. Percebo a sensação dele e consigo até senti-la em mim, revivendo o resgate espiritual do nosso irmão. Ele tinha dificuldade para falar, pois essa parte do corpo espiritual estava muito comprometida, devido à maneira com a qual ele se assumia. A forma animalizada com que ele se apresentava visava amedrontar os espíritos subalternos.*

__ Nas regiões abismais, esse recurso é muito utilizado para os espíritos mais determinados se imporem aos outros.

__ *Neste instante, Tiana está me dizendo algo. Ela está de um lado e o Sr. Leão do outro. Ela me informa que vamos fazer uma prece, para favorecer a uma regressão de memória. Dessa forma, sua memória vai ser fixada em outro orbe, onde começaram as quedas, e o processo de libertação das amarras desse espírito, que o infelicitam, está em vias de ser finalizado, contudo depende muito dele.*

__ Vai acontecer essa finalização pela conscientização dele. Um pouco mais hoje, um pouco mais amanhã, ele ficará livre dessa escravidão. Pode ser que ele se veja livre ainda hoje. Busque a prece com os amigos que a ajudam.

__ *Depois da prece, sinto Maria de Nazaré, com aquele grupo de amigas que atuam ativamente nesta tarefa. Tiana me fala que vou fazer mais um desdobramento e que minha mente vai ficar em sintonia com espíritos do outro orbe, ligados ao nosso irmão, em decorrência das reencarnações que ele vai relembrar quando estagiava por lá. Também me preparam para a sintonia com Maria, nossa mãe queridíssima, que se interessa por esse coração. Eu não consigo visualizá-los de forma muito nítida, mas a impressão que tenho é que eles estão em outro orbe e que também vão ajudar nesse processo de regressão, relembrando certas experiências do nosso irmão.*

__ Pelas experiências que temos vivido nessas tarefas, essas regressões remontam a muitos outros orbes antes de Capela. E isso faz sentido, porque esses vínculos fazem parte da história do nosso irmão, nos momentos em que ele foi feliz em suas escolhas.

__ *Eles me dizem que, se eu sentir insegurança e medo, é para eu te relatar.*

__ Você não vai sentir, pode ficar despreocupada. Sua segurança está garantida, porque os espíritos aos quais você vai estar ligada têm sentimento de amor muito apurado, sendo amigos muito fraternais e solidários que estão aqui para sustentá-la na tarefa.

__ *A minha mente está ágil, mais livre e mais leve.*

__ Isso acontece porque você está desdobrada mais de uma vez e se encontra agindo em um corpo espiritual mais sutil. Além disso, você está mais sintonizada com o grupo de espíritos ligados à Maria e, naturalmente, sente o reflexo do estado íntimo deles e dela também.

__ *Agora eu consigo sentir o sentimento materno mais profundo que ela sente. Antes eu estava com dificuldade e, agora, que eu estou desdobrada outra vez, consigo melhor entrosamento no plano em que os espíritos amigos atuam. O sentimento desses espíritos é muito parecido com o sentimento de Maria, a genitora do Cristo. Registro a presença de alguns espíritos masculinos também, cujo sentimento me lembra o dos espíritos mais experientes do Grupo dos Setenta. Começo a perceber, na mente do nosso irmão, dúvidas sobre o que está ocorrendo, pois algumas lembranças estão chegando à sua mente. Existe uma passagem na Bíblia que está muito presente em sua memória: ele se lembra de um homem que era deficiente, na época em que o Cristo estava entre nós, aqui na Terra, e os amigos desse homem o amarraram a uma cama e o transportaram até Jesus, descendo-o pelo telhado, porque o local em que Jesus atendia estava muito cheio e sua entrada estava congestionada*[1]*. Não dando para transportarem o amigo pelo acesso normal, lançaram mão desse recurso inusitado. Essa cena está muito viva na mente dele.*

__ Converse com ele, também de forma natural. Pergunte a ele porque está essa cena está tão viva em sua mente.

1 Marcos 3:4.

__ *Existem outras imagens gravadas em sua mente, a dos leprosos, que voltaram a ficar contaminados. Porém, a mais viva é essa, a da cama. Eu tenho uma suspeita, mas estou insegura de perguntar a ele.*

__ Não se preocupe, sejamos naturais.

__ *Ele era um dos doutores da lei que conversou com Jesus, quando este ainda tinha seus 12 anos e esteve no templo de Jerusalém por três dias, na Festa da Páscoa. O tempo passou e, duas décadas depois, nosso irmão estava naquela casa, disfarçado em meio ao povo. Ele havia contraído a lepra e, por isso, estava se escondendo dos seus amigos e familiares, mas desejava encontrar Jesus e, com isso, a cura. O homem não queria que o Cristo soubesse quem Ele estava curando, porém, quando viu aquele paralítico passando por tudo, se expondo sem se importar porque ele acreditava mesmo que o Cristo iria curá-lo, o homem sentiu até certa inveja. Ele queria ter a mesma coragem do paralítico ao se expor.*

Nessa hora, a médium informou ao dirigente:

__ *Agora estou ansiosa, preciso de ajuda.*

__ Fique tranquila, é natural essa reação. Nosso irmão está fazendo uma catarse, e o que você sente vem dele. Como está em trabalho e desdobrada em transe mediúnico, você sente os reflexos dos condicionamentos do espírito, fruto da educação que ele recebeu naquela existência e da cultura herdada, a qual foi perversa por ser institucionalista, regada a tradições que têm sido um grande entrave para a evolução de todos nós. Nosso irmão está revivendo o que ocorreu há dois mil anos, mas isso é uma regressão de memória dele, não se esqueça.

__ *Sim, eu sei. Vejo agora outra experiência dele. Ainda em nosso orbe, ele reencarnou, bem antes, em uma posição específica de comando. Como ele tem facilidade para comandar, muitas vezes reencarnou nessas posições. Nessa reencarnação que ele agora rememora, a princípio, parecia ter sido um faraó, mas agora eu sei que ele era um general, cargo ao qual não se dava essa designação naquela época.*

__ Era um chefe das forças armadas, comandante geral do império egípcio.

__ *A minha dificuldade para entender o posto que esse espírito ocupava na hierarquia do império egípcio se deu porque vi que ele teve uma das pirâmides especiais, construídas naquela época, destinada a ele. Esta foi feita especialmente para ele, igual à que foi feita para o faraó, e os escavadores acreditavam que aquela pirâmide era feita para um faraó.*

__ Ele era um general, um homem de confiança do faraó, com certeza.

__ *Agora ele está um pouco resistente, por ter se lembrado de algumas coisas do outro orbe.*

__ Mas o nosso irmão sabe: isso que ele relembra é patrimônio que lhe pertence, por isso não há necessidade alguma de resistir a essa reapropriação de patrimônio. É preciso ligar os fatos, meu irmão, reativar em sua mente as experiências, para que você administre, com autonomia, sua própria trajetória evolutiva.

__ *Vários nomes de conjuntos de planetas, sistema solares, muitas reencarnações em vários orbes do mesmo sistema e de outros sistemas se passam na mente dele como se fosse um filme. Agora estamos estacionando em um sistema muito, mas muito longínquo mesmo.*

__ Ele está começando a rememorar experiências obtidas ali, naquele longínquo planeta. Isso foi muito antes de sua experiência na Terra e em Capela.

__ *Sim. Ele tem vínculos afetivos muito fortes com esse planeta. Estamos parando, e é um mundo muito bonito, me lembra dos planetas evoluídos descritos na Revista Espírita, editada por Kardec. Contudo, naquele tempo esse planeta ainda não era o que é agora. Na época que ele rememora, este era um planeta em fase de transição.*

Neste momento, sinto em seu íntimo a impressão de que tudo está se repetindo, ele sente aquilo que denominamos déjà-vu. *Depois de registrar várias impressões em seu coração, vem a insegurança, pois ele já passou por um processo parecido com o que está passando agora, nessa catarse, e voltou a viver como sempre, sem conseguir fixar benefício algum em favor de seu espírito.*

__ Não é da mesma forma, pois as circunstâncias são diferentes.

__ *Tudo neste planeta é diferente da Terra, mas vou relatar de forma que as situações possam se assemelhar às de nosso planeta atual.*

Vejo nosso irmão, reencarnado neste orbe em um papel parecido com o dos sacerdotes, e também várias crianças em volta dele.

__ Certamente, essas crianças eram de responsabilidade dele em determinada existência nesse orbe.

__ *Sim, ele tinha vínculo de paternidade, em vidas passadas, com várias dessas crianças. Aquelas, ali presentes, em grande parte foram seus filhos em várias outras vidas.*

__ O acaso não existe, faz sentido.

__ *Muitas dessas crianças as quais ele precisava encaminhar eram espíritos nativos daquele planeta, diferentemente dele. Posso registrar também que ele tinha maturidade e acuidade mental que se destacavam, de forma que sua percepção das coisas, dos fatos e da própria vida era diferenciada.*

__ Sim, ele era diferente, e isso é muito natural, porque ele já havia estagiado em outros orbes, sendo, portanto, um espírito mais velho.

__ *Daí, aquela sensação de que estava faltando algo, de que estava faltando alguém. Ele convivia com essa falta, com essa carência, que o incomodava. Contudo, ele não sabia definir o que era.*

__ Saudade da verdadeira família espiritual.

__ *Ele sabia que havia aceitado, voluntariamente, reencarnar nesse planeta.*

__ Sim, foi um convite, pois ele não estava nesse mundo como deportado[2], ele não era exilado compulsoriamente. Certamente, foi um momento planejado por seus tutores espirituais, para avaliar suas possibilidades em tarefas novas. Assim, nosso irmão seria examinado com vistas à promoção espiritual, que se viabilizava naquele momento, em favor de sua evolução. Essa reencarnação seria, portanto, o momento de testemunho, a consolidação daquilo que havia sido assimilado na teoria.

__ *Ele aceitou o convite para reencarnar nesse planeta por causa de um espírito, do qual ele não consegue se lembrar agora.*

__ Havia necessidade de passar pelo testemunho, de angariar experiência, para saber como ele poderia servir em ambientes de necessidade maior e de risco. Era preciso desenvolver tarimba, consolidar valores na intimidade.

__ *Ele se sentia um deficiente de sentimento.*

__ Isso era reflexo da falta que ele sentia do agrupamento com o qual tinha afinidade.

__ *Ele tinha uma biblioteca e a usava muito, sendo este o lugar em que ele mais gostava de ficar, mas ele não conseguia permanecer lá tanto quanto gostaria porque era sempre requisitado. Ele não conseguia explicar a razão de nunca conseguir deixar de atender às pessoas que o procuravam para conversar.*

__ Ele sabia que sua reencarnação era para isso.

__ *Contudo, sua família consanguínea cobrava muito sua presença em casa.*

__ Esse era um dos testemunhos que ele precisava dar.

__ *As pessoas o requisitavam muito para conversar, para desabafar, porque elas confiavam e gostavam dos seus conselhos, mas ele mesmo não entendia sua contribuição aos que o buscavam.*

---

2 A ida de espíritos mais adiantados a mundos inferiores, com o intuito de trabalho, é explicitamente apresentada em *O céu e o inferno*, capítulo III da primeira parte, item 13 e 17.

__ Sua contribuição era passar àqueles que o procuravam sua experiência de vida.

__ *Isso. Eles se sentiam muito à vontade e o procuravam quando tinham algum problema, não importando a hora, porque sempre pensavam nele. Dessa maneira, ele estava constantemente ocupado, e sua família o cobrava, falando que ele estava falhando em casa, que ele estava faltando com os compromissos no lar, que sua própria família estava sem assistência.*

__ Essa cilada é antiga.

__ *Estou voltando com a mente dele ao momento de planejamento dessa reencarnação no plano espiritual, e estamos revendo-o juntos. Ele está mais incomodado, porque ele não lembra. Sim, agora ele vai lembrar, está suspeitando de algo...*

__ Fique serena, porque, ao reencarnarmos de maneira não compulsória, normalmente programamos praticamente tudo o que teremos que passar. Nós pedimos, no plano espiritual, um testemunho, muitas vezes maior do que aquele que acabamos recebendo, porque a espiritualidade sabe que estamos muito emocionados quando somos resgatados de determinadas dificuldades, das regiões de sofrimento e dor no plano espiritual. Nesse caso, ficamos ansiosos e somos levados, devido ao desconforto em que estagiamos naquele momento, a tentar resolver tudo ao mesmo tempo. Porém, os amigos espirituais, atentos, nos permitem revisar apenas pequeno percentual de tudo o que pedimos. Mesmo assim, muitas vezes, não conseguimos lograr êxito no bom cumprimento da programação quando no corpo físico.

__ *Eu percebo seus dois filhos e sua esposa, espíritos que ele abandonou em outras vidas, as quais não deu a assistência que deveria dar. Estes eram muito devedores, por conta própria, já que foram eles mesmos que escolheram seus caminhos, mas acabaram culpando-o, pois era mais fácil transferir responsabilidades.*

__ É assim que acontece em muitos dos casos em que espíritos sagazes e refratários ao bem reencarnam em lares de corações conscientes e experimentados os quais ainda necessitam de dar esse tipo de testemunho.

__ *Eles estavam tendo uma conversa com um mentor espiritual, mas não consigo perceber quem era o espírito que estava conduzindo essa conversa. Tiana me diz que, no momento certo, vamos saber.*

Esse espírito condutor, de forma bem firme e amorosa, está falando com os quatro companheiros sobre seus compromissos, pois eles reencarnariam juntos. Contudo, ele afirmou que os três, a esposa e os dois filhos, precisariam se esforçar para compreender o tamanho da responsabilidade do nosso irmão. Depois, o orientador espiritual conversou com ele em particular, chamando sua atenção e registrando que ele já sabia que iria ser difícil, porque, embora naquela programação no plano espiritual eles concordassem com tudo, todos iriam esquecê-la, e os familiares iriam cobrar o que ele não deu na outra vida. O amigo espiritual exortou-o a ficar atento, alertou-o a vigiar-se para não permitir se envolver mentalmente no processo de culpa, evitando, assim, comprometer seu íntimo.

Agora, estamos de volta às memórias dele, acompanhando-o na vida quando encarnado. Havia muita afinidade dele com o grupo a que pertencia, pelo qual era muito respeitado e valorizado. Nesse grupo, está o espírito que o ajudou a programar a reencarnação. Como pode isso? Eu não sabia que isso poderia acontecer.

__ Pode. Por que não? Os tutores podem, em determinados casos, reencarnar próximos de seus tutelados e de outros muitos em processos semelhantes, de testemunhos mais difíceis[3].

__ *O espírito que o ajudou na programação da reencarnação era o coordenador do grupo de encarnados do qual ele fazia parte.*

---

3 Ver *O céu e o inferno*, capítulo III da primeira parte, último parágrafo.

Vou fazer uma prece, porque estou ficando um pouco ansiosa, mas sinto que esse sentimento não é meu, e sim dele, porque agora vai descobrir quem era o seu tutor, aquele que reencarnou junto a ele e ao grupo para acompanhá-los de perto.

__ Peça, em prece, à sua amiga espiritual para lhe ajudar. Converse com o nosso irmão e o relembre de que ele está sendo amparado pelos amigos espirituais, em uma catarse. Acalme-o.

__ *O grupo de encarnados do qual nosso irmão fazia parte estava com uma proposta de trabalho, porque já tinham muita consciência da mudança espiritual do orbe. Esse projeto de ação incluía envolver os espíritos desencarnados que eles percebiam estarem com um pouco mais de dificuldades. Tratava-se, portanto, de um grupo de resgate igual ao nosso, que atua nesse momento de transição da Terra. Eles sabiam da responsabilidade e do incômodo que causaria essa tarefa.*

Contudo, nosso irmão, preocupado com a família, pensou logo sobre as muitas brigas todas as vezes em que ele chegava em casa e a dificuldade que viviam, pois eles estavam sempre reclamando. Ele começou a dar guarida ao pensamento de que estar indo tantas vezes ao grupo de trabalhos espirituais pudesse ser um processo de fuga. Ele não percebia que, no plano espiritual, havia um espírito obsessor envolvendo sua família para tirá-lo do trabalho.

__ É como acontece por aqui, também, na realidade de muitos de nós.

__ *Isso. Esses espíritos queriam fazê-lo voltar ao processo de culpas, para fragilizá-lo. Assim, potencializavam esse sentimento pelos erros das outras existências, e não pelos dessa. Mesmo assim, nosso irmão iniciou, junto ao grupo, o trabalho, o qual é parecido com o que nós fazemos aqui, na casa. Havia as premissas que nós temos em nosso grupo, o tripé: trabalho, estudo e intercâmbio espiritual, tudo necessariamente integrado, formando um escudo protetor aos tarefeiros.*

Devido às suas atividades, o grupo acabou sendo bastante visado. O desenrolar da questão a gente já sabe: ele se comprometeu, caiu em um processo de culpa quando aconteceu algo com um de seus filhos, que se suicidou. Nosso irmão se sentiu culpado e se cobrava pelo fato de não ter percebido que o filho estava em um processo como esse. Ele se questionava: "Como pode, o filho, dentro de casa, não ser visto em suas lutas, sendo que os outros, os de fora, eram vistos?" Muitos suicídios conseguiu evitar, mas não o do filho e, por isso, se sentiu um fracassado, tendo falhado com a própria família.

Depois disso, a esposa entrou em um processo obsessivo violento e, cada olhar da família, passou a incomodá-lo. Os companheiros, principalmente aquele que o auxiliou a programar essa reencarnação, alertavam-no, pedindo ponderação e cuidados para evitar o processo de culpa, que seria perigoso para ele. Lembravam, também, que ele sabia como podia ajudar o filho, que não havia nada acabado e que o filho é espírito e, portanto, não morre. Porém, nosso irmão já estava bastante envolvido pelos espíritos os quais desejam que ele se perdesse.

__ Estava caindo na armadilha do orgulho, da presunção e do sentimento de superioridade, que é ilusão sobre nós mesmos.

__ *Vejo que o desencarne da família foi bastante complicado, e que o dele foi precoce, porque estava se comprometendo ao largar o trabalho espiritual, que o sustentava naquela vida. A proteção dele estava naquele trabalho com o grupo. Ele foi se afastando, com o argumento de não poder ficar ausente de casa, todavia, os momentos com a família não eram tão ricos e proveitosos, e ele não percebia isso. Chegou a um ponto, então, em que já não aparecia mais às tarefas, não exercia mais a atividade como antes e passou até a evitar as pessoas em casa. Assim, para que ele não se comprometesse ainda mais, porque tinha merecimento, foi providenciada a sua desencarnação precoce.*

__ Sem dúvida, uma ação misericordiosa.

_ *Após seu desencarne, nosso irmão teve assistência dos amigos espirituais, ficando um tempo em um hospital no plano espiritual. Entretanto, o processo de desvinculação dos seus adversários não se concretizou, porque ele queria se punir e, desse modo, deixou-se atrair para as regiões das trevas. A escolha dele estava feita.*

_ Ele queria fugir do hospital e armou um plano de fuga.

_ *Então, ele saiu do hospital, afastando-se dos amigos espirituais, e se vinculou ao grupo com o qual está há milênios. Ele faz parte do grupo que, mais tarde, no orbe do sistema de Capela, envolveu e atraiu Bartiara para as hostes de Lúcifer.*

_ Sim. Isso aconteceu naquela cilada que tirou Bartiara do trabalho no grupo de resgate, em Capela, muitos milênios após essas ocorrências que você acompanha com ele agora.

_ *Neste momento, Tiana fala que ele vai ver como realmente está sua família. No resgate, há alguns dias, ele já viu os membros do núcleo familiar, mas agora vai ter a oportunidade de acompanhar o processo deles, porque seus familiares não estão mais comprometidos e, por isso, agora só está faltando ele. A família o espera e torce por ele.*

_ Passaram-se muitos milênios e vários orbes depois desse em que nosso irmão viveu esses dramas.

_ *Depois daquela vida, todos ficaram muito comprometidos, e eles, os membros da família, reencarnaram várias vezes em outros orbes, deportados daquele mundo, que estava em processo de transição. Não dava mais para eles ficarem por lá.*

Passaram por vários momentos difíceis. Sendo que a esposa, em uma das reencarnações, recebeu os três como filhos deficientes, os quais tinham muitas e extremas limitações visuais, auditivas e motoras. Dentre esses filhos, estava, inclusive, o nosso irmão. Nessa vida, ela conseguiu vencer suas dificuldades, chegando até o momento final com privações materiais rigorosas, mas sem se comprometer. Nessa experiência, ela aprendeu muito sobre desprendimento, amor materno e dedicação incondicional e conviveu com algumas pessoas que a ajudavam, espíritos ligados ao nosso irmão desde quando ele era seu marido em existência anterior. Esses amigos acompanhavam nosso irmão desde tempos remotíssimos e estavam naquele grupo, o qual citamos ao revivermos suas quedas com a família.

Depois dessa reencarnação enriquecedora, ela começou a ver o grupo de outra forma, passando a valorizar o trabalho junto à espiritualidade e entendendo a importância da tarefa em favor do semelhante. Sua compreensão sobre essas questões começou no orbe em que foi mãe dos três e, por isso, ela se esforçou até conseguir levar os filhos ao mesmo entendimento, exceto a ele, o marido daquela vida de equívocos e, posteriormente, seu filho mais difícil. O processo dele na hipnose ficou cada vez mais complicado, mais aprofundado.

__ É natural, pois houve desistência, negligência e inconformação.

__ *Muitas reencarnações ele viveu sem nem ter consciência se estava reencarnado ou não, mas em todo momento esteve acompanhado pelos amigos espirituais.*

Sua antiga companheira, aos poucos, desenvolveu um sentimento materno e conseguiu envolver os outros dois filhos, que evoluíram admiravelmente. Agora, eles estão esperando-o e não estão mais nos últimos orbes onde estagiaram. Eles estão em nosso meio por causa dele e vieram acompanhar seu resgate e a recomposição do seu corpo espiritual, mas, para isso, precisam esperar por seu esforço.

Percebo agora um pouco da torcida do outro orbe, e muitos que estão acompanhando este momento do nosso irmão são os espíritos do grupo ao qual ele pertenceu. Aqueles que foram ajudados com conselhos e com a experiência de vida estão vibrando intensamente por ele.

__ Os familiares que davam trabalho para ele, quando ele começou, hoje estão na lucidez que ele tinha naquela época. Ele se aprisionou, por culpa, comprometimento e revolta, e precisa, agora, retomar o esforço de libertação.

__ *Estou vendo em sua mente a imagem de quando o menino de 12 anos conversou com ele no templo*[4]. *Ele ficou intrigado com aquele menino, que tinha alguma coisa no olhar e no jeito de falar que lhe era muito conhecida. Ele se pergunta de onde o conhece, pois ele o lembra alguém. No entanto, por mais que se esforce, não consegue se lembrar.*

Nosso irmão ficou muito impressionado com a sabedoria do menino, da mesma forma que os outros doutores da lei presentes no templo de Jerusalém. Neste momento, vejo sua mente fazendo a conexão entre aquele menino e o espírito que o ajudou na programação em que começaram suas quedas mais dolorosas. O coordenador daquele grupo, que chegou a reencarnar com ele e com outros era, sim, o Cristo. Sinto nele desabrochar uma emoção muito forte agora.

__ Não era o primeiro encontro deles. O nosso irmão é aquele que foi resgatado na semana passada?

__ *Não sei.*

__ Pergunte para a sua amiga espiritual, a Tiana.

__ *Qual espírito da semana passada? O que foi atendido por meu intermédio?*

__ Sim, aquele que você percebeu como um filho de Maria de Nazaré que queria sua mãe só para ele, em uma de suas existências.

__ *A Tiana me diz que é ele mesmo.*

__ Então, possivelmente, aquela foi uma vida antes dos fatos aqui rememorados por ele.

__ *Sim, mas o sentimento dele, neste momento, está diferente. A regressão de memória da semana passada, na hora do seu resgate,*

4 Lucas 2: 39-52.

abrangeu momentos anteriores a esses orbes marcados por dramas, pois era preciso que ele relembrasse o vínculo que tem com Maria. Caso não mostrássemos esses momentos anteriores à sua luta, não se lograria êxito no resgate, porque a mente do nosso irmão estava subjugada por outras mais perversas. Agora, nós estamos voltando com ele.

A Tiana diz que a mudança de sentimento que percebi nele, que estava mais desanimado do que na semana passada, quando foi resgatado, ocorreu porque os tratamentos com base nas lembranças estão sendo muito difíceis para ele, embora sejam necessários [5].

_ Envolva-o em um sentimento de carinho, agradecendo a Jesus a oportunidade de poder ser útil ao nosso irmão.

5 A situação aqui descrita não parece estranha a quem está familiarizado com o processo de terapia, por exemplo. Embora saiamos exultantes de uma consulta, aparentemente até melhores, pode ser que, na consulta seguinte, nos confrontemos com alguma regressão, lembrança ou ocorrência que nos deixe desanimados, pensativos. Nesses casos, muitas vezes conseguimos vislumbrar um ângulo mais profundo de nós mesmos que não víamos anteriormente, exigindo novas reflexões.

A Editora Casa de Heli está preparando uma coletânea incrível para transbordar os corações de muito conhecimento e alegria.

Em breve, estará nas livrarias o Segundo e Terceiro Volume da Série Filhos Pródigos.

Aguardem!

Na transição de fases evolutiva do orbe, as mudanças já estão acontecendo, e os nossos irmãos -, espíritos muito vividos e verdadeiras obras-primas da Criação-, que aqui estagiam e se encontravam em dificuldades de vulto, estão retomando as suas direções rumo ao seu progresso evolutivo legítimo e natural.

Estes espíritos são para o Criador como a ovelha encontrada é para o seu pastor; como a dracma é pra a mulher; Também como o filho que retorna á sua casa é para o seu pai. E é assim, com festejo e alegria, que o Criador e seus prepostos os recebem.